Die Erlebnisseiten

Auf den zwei Erlebnisseiten vertiefst du das Wissen, das du auf den Basisseiten gesammelt hast.

Du findest hier weitere Aufgaben, Experimente oder Untersuchungen. Du erkennst die Erlebnisseiten an dem grünen Rahmen.

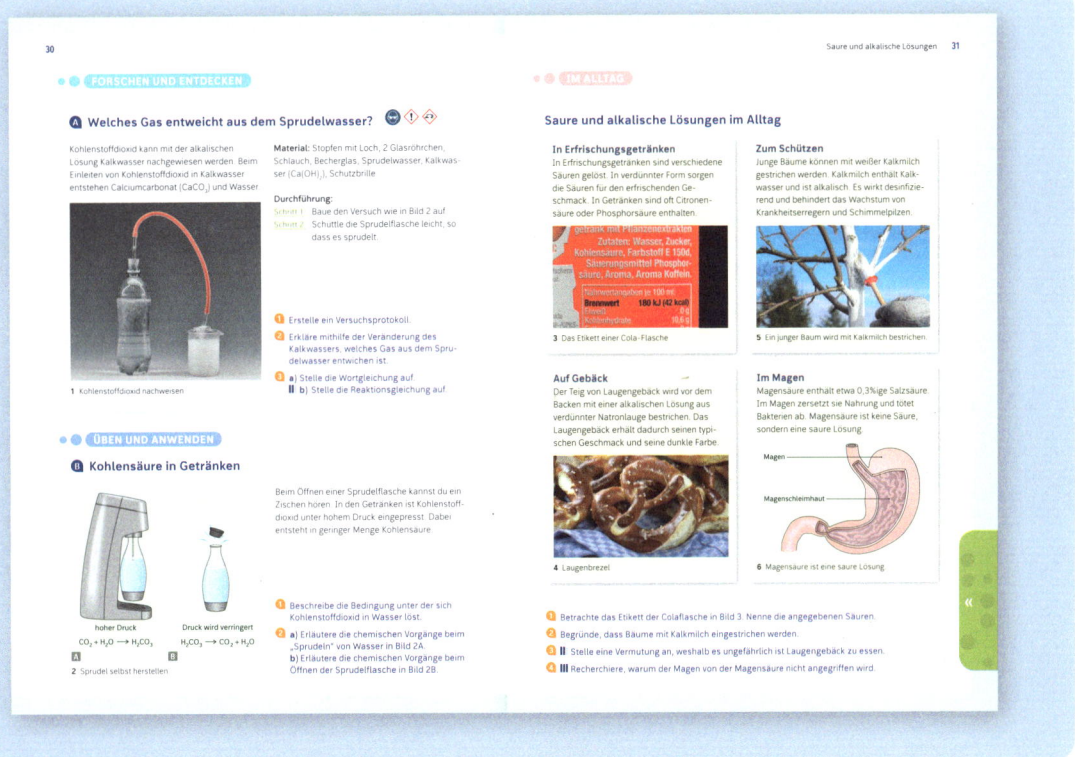

Ein Kapitel abschließen:

Auf einen Blick + Lerncheck

»Auf einen Blick« fasst das Wichtigste noch einmal übersichtlich zusammen. Mit dem »Lerncheck« am Ende des Kapitels kannst du dein Wissen testen.

Digitale Ergänzungen zu deinem Buch erkennst du an dem Symbol **Digital+**.

Gehe auf die Seite:
www.westermann.de/Erlebnis-188555
und gib den Online-Schlüssel ein:

Du kannst auch den QR-Code scannen und dann den Online-Schlüssel eingeben. Dort findest du Filme und Animationen passend zum jeweiligen Thema.

westermann

Herausgegeben von
Dr. Thomas Heinlein

ERLEBNIS
Chemie
10

ERLEBNIS
Chemie

Herausgegeben von:
Dr. Thomas Heinlein

Autorinnen und Autoren:
Bernd Broß, H. Michael Carl, Hannah Dietrich, Markus Fischl, Dr. Thomas Heinlein

Zusatzmaterialien zu Erlebnis Chemie 10 - Baden-Württemberg
Für Lehrerinnen und Lehrer:

BiBox – Einzellizenz für Lehrer/-innen (Dauerlizenz)	978-3-14-188564-4
BiBox – Kollegiumslizenz für Lehrer/-innen (Dauerlizenz)	978-3-14-188565-1
BiBox – Kollegiumslizenz für Lehrer/-innen (1 Schuljahr)	978-3-14-188566-8
BiBox – Klassenlizenz Premium (1 Schuljahr)	978-3-14-188568-2
BiBox – Klassensatz PrintPlus (1 Schuljahr)	978-3-14-188569-9

Für Schülerinnen und Schüler:

Förderheft	978-3-14-188557-6
BiBox – Einzellizenz für Schüler/-innen (1 Schuljahr)	978-3-14-188567-5

westermann GRUPPE

© 2025 Westermann Bildungsmedien Verlag GmbH, Georg-Westermann-Allee 66, 38104 Braunschweig
www.westermann.de

Druck A[1]/ Jahr 2025
Alle Drucke der Serie A sind im Unterricht parallel verwendbar.

Redaktion: Sebastian Müller
Illustrationen: Eike Gall, Wolfgang Herzig, Birgit und Olaf Schlierf, Ingrid Schobel, Werner Wildermuth
Grundlayout: Janssen Kahlert, Design & Kommunikation GmbH
Umschlaggestaltung: LIO Design GmbH
Druck und Bindung: Westermann Druck GmbH, Georg-Westermann-Allee 66, 38104 Braunschweig

ISBN 978-3-14-**188555**-2

Inhalt

Wasser - ein wichtiger Stoff

Wasser ist ein ungewöhnlicher Stoff 8

Warum ist Wasser so ungewöhnlich? 12

Die Wasserstoffbrücken 16

Wasser löst Salze 20

IM ALLTAG Die Gewinnung von Salzen 23

Auf einen Blick 24

Lerncheck 25

Saure und alkalische Lösungen

Saure und alkalische Lösungen 28

IM ALLTAG Saure und alkalische Lösungen im Alltag 31

Saure Lösungen reagieren 32

Chemische Betrachtung von Säuren 36

Alkalische Lösungen reagieren 40

METHODE Eine Mindmap erstellen 43

Chemische Betrachtung von Basen 44

IM ALLTAG Das HABER-BOSCH-Verfahren 47

Säuren und Basen im Überblick 48

Neutrale Lösungen 52

IM ALLTAG Anwendungen der Neutralisation 55

Auf einen Blick 56

Lerncheck 58

Die Kohlenwasserstoffe

Die Reihe der Alkane 62

Die VAN-DER-WAALS-Wechselwirkungen 66

Die Löslichkeit von Stoffen 70

IM ALLTAG Öl- und Wasser-Emulsionen im Alltag 73

Die Vielfalt der Kohlenwasserstoffe 74

Methan - ein Gas mit vielen Namen 78

Eigenschaften von Alkanen 82

IM ALLTAG Gasgemische im Alltag 85

Kunststoffe aus Kohlenwasserstoffen 86

IM ALLTAG Kunststoffe: Nutzung und Entsorgung 89

Katalysatoren erleichtern Reaktionen 90

Auf einen Blick 94

Lerncheck 96

Vom Alkohol zum Essig

Chemikalien reinigen 100
Trinkalkohol ist Ethanol.. 104
IM ALLTAG Biokraftstoffe 107
Der Bau des Ethanol-Moleküls 108
Verwandte des Ethanols 112
Aus Wein wird Essig 116
Ester sind chemische Verbindungen 120
IM ALLTAG Welche Bedeutung haben Fette und Wachse? 123
Stoffgruppen in der Kohlenstoff-Chemie 124
Auf einen Blick 128
Lerncheck 130

Anhang

Stichwortverzeichnis 132
Einheiten und Umrechnungen 135
Gefahren- und Sicherheitshinweise (H- und P-Sätze) 136
Gefahrstoffe 138
Stoffpyramide 140
Die wichtigsten Laborgeräte 141
Das Periodensystem der Elemente 142
Bildquellenverzeichnis 144

Wasser -
ein wichtiger Stoff

Was macht Wasser
so besonders?

Warum schwimmt
Eis immer oben?

Wieso löst
Wasser andere
Stoffe?

1 Ein Eisberg schwimmt auf dem Meer.

Wasser ist ein ungewöhnlicher Stoff

Wasser ist nicht normal

Genau wie Eiswürfel in einem Getränk oben schwimmen, schwimmen Eisberge auf der Wasseroberfläche (→ Bild 1). Eis ist leichter als Wasser. Das bedeutet, die Dichte von Eis ist geringer als die Dichte von Wasser. Bei allen anderen Stoffen ist das nicht so. So sinkt festes Wachs in flüssigem Wachs nach unten. Das ist so, weil die Dichte eines Stoffs im festen Aggregatzustand größer ist als im flüssigen. Nur Wasser ist eine Ausnahme. Du sprichst von der **Dichteanomalie des Wassers**.

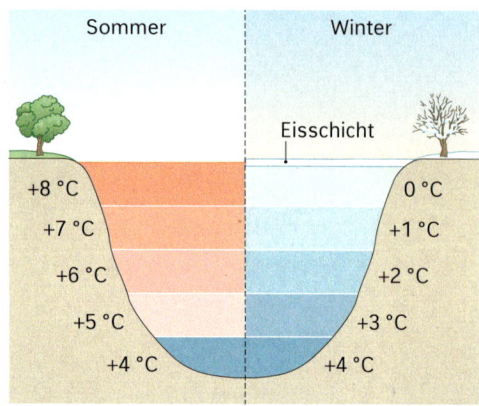

2 Die Wassertempatur im Sommer und Winter.

Eis auf einem See

In Bild 2 siehst du die Verteilung der Wassertemperaturen in einem See. Im Sommer ist das warme Wasser oben, das kalte unten. Das liegt daran, dass Wasser bei 4 °C seine größte Dichte hat.
Im Winter ist ein See oft zugefroren. Das Eis schwimmt auf dem Wasser. Das kalte Wasser befindet sich direkt unter dem Eis. Unten im See ist wieder das Wasser mit 4 °C. Wasser mit 4 °C hat also eine größere Dichte als das Eis und als das kältere Wasser darüber.

Glasflaschen können platzen

Vergisst du in einer kalten Winternacht eine mit Wasser gefüllte Glasflasche im Auto, kann sie am nächsten Tage geplatzt sein. Das liegt daran, dass sich Wasser beim Erstarren ausdehnt, die Glasflasche jedoch nicht. Aus 1 l Wasser wird 1,1 l Eis. Das Eis nimmt ein größeres Vorlumen ein, als das flüssige Wasser. Passt das Eis nicht mehr in das Volumen der Glasflasche, zerplatzt diese. Der Grund dafür ist auch die Dichteanomalie des Wassers.

Wasseroberflächen wölben sich

Füllst du ein Glas vollständig mit Wasser, kannst du beobachten, wie sich das Wasser am Rand des Glases leicht wölbt (→ Bild 3). Wasserläufer flitzen über einen Teich. Sie versinken aber nicht im Wasser (→ Bild 4). Dieses Phänomen heißt **Oberflächenspannung**. Die Wasser-Moleküle halten stark zusammen. Durch den starken Zusammenhalt der Wasser-Moleküle dringen die Beine des Wasserläufers nicht in das Wasser ein.

Siedetemperatur von Wasser

Wasser ist bei einer Raumtemperatur von 20 °C flüssig und siedet erst bei 100 °C. Andere Moleküle wie zum Beispiel Kohlenstoffdioxid (CO_2) sind bereits bei Raumtemperatur gasförmig. Die hohe Siedetemperatur von Wasser liegt an den starken Anziehungskräften zwischen den Wasser-Molekülen. Bei Kohlenstoffdioxid gibt es diese starken Anziehungskräfte auf.

Anziehungskräfte

Anziehungskräfte halten die Stoffteilchen, aus denen Stoffe bestehen zusammen. Bei Wasser sind sie besonders stark. Durch diese Anziehungskräfte wölbt sich Wasser in einem Glas. Auch Gegenstände gehen in Wasser nicht unter, obwohl sie eine größere Dichte haben. Wegen dieser Wechselwirkungen schwimmt auch Eis auf Wasser.

3 Wasser wölbt sich.

4 Ein Wasserläufer geht nicht unter.

> Wasser hat eine hohe Siede- und Schmelztemperatur und eine große Oberflächenspannung. Charakteristisch ist seine Dichteanomalie.

1 Begründe, dass ein Eisberg auf Wasser schwimmt.

2 Begründe, dass Fische im Winter nicht erfrieren.

3 Begründe, dass eine Nadel aus Eisen auf Wasser schwimmt.

4 ‖ Beschreibe mindestens zwei Phänomene, an denen du die Oberflächenspannung des Wassers sehen kannst.

5 ‖ a) Beschreibe die Verteilung der Wassertemperaturen in einem See im Sommer und im Winter.
‖ b) Begründe die unterschiedlichen Wassertemperaturen in einem See im Winter.

6 ‖ Nenne Beispiele aus dem Alltag, in dem die Dichteanomalie des Wassers zu Problemen führen kann.

»

A Die Dichte hängt von der Temperatur ab

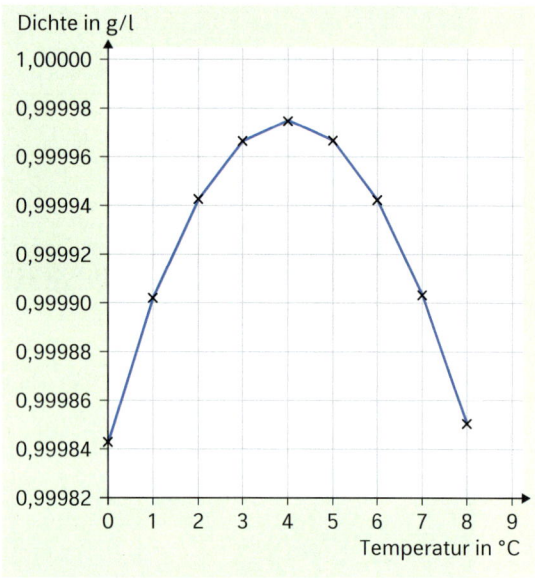

1 Diagramm zur Dichte von Wasser

Der Verlauf der Dichte von Wasser ist in Bild 1 dargestellt. Du siehst, dass Wasser bei 4 °C seine größte Dichte hat.

Im Vergleich mit anderen Stoffen ist das ungewöhnlich, da die Dichte normalerweise bei geringeren Temperaturen immer größer wird. Deshalb wird dieses Phänomen bei Wasser als Dichteanomalie bezeichnet.

1 Beschreibe das Diagramm in Bild 1.

2 Nenne die Dichte von Wasser bei folgenden Temperaturen: 0 °C, 4 °C und 8 °C.

3 ▌ Nenne je zwei Temperaturen, bei denen Wasser die gleiche Dichte hat.

B Was passiert, wenn Wasser gefriert?

2 Eine Wasserleitung ist geplatzt

Wasserleitungen müssen in Ländern, in denen Temperaturen unter 0 °C auftreten, isoliert werden. In Bild 2 ist eine geplatzte Wasserleitung zu sehen.

1 Beschreibe die Vorgänge im Wasser, die zum Platzen des Wasserrohrs in Bild 2 geführt haben.

2 Begründe, dass die Isolation von Wasserrohren in Skandinavien eine andere Dicke haben sollte als in Deutschland.

3 a) Beschreibe die Volumenänderung einer bestimmten Menge an Wasser beim Gefrieren.

▌ b) Gib an, ob sich die Anzahl an Stoffteilchen bei diesem Vorgang ändert.

FORSCHEN UND ENTDECKEN

A Wie wirkt sich die Anomalie des Wassers aus?

Material: 2 Plastikbecher (ca. 150 ml), je ca. 75 ml
Wasser und Pflanzenöl, wasserfester Stift

Durchführung:

Schritt 1: Fülle das Wasser in den einen und das
Öl in den anderen Becher. Beide Becher
sollen etwa halb voll sein.

Schritt 2: Markiere mit dem Stift, wie hoch die
Flüssigkeit jeweils steht.

Schritt 3: Stelle beide Becher für mindestens
acht Stunden ins Gefrierfach.

Schritt 4: Vergleiche die Volumenveränderung
der beiden Flüssigkeiten in den Be-
chern.

3 Becher mit Öl (links) und Wasser (rechts)

1 Erstelle ein Versuchsprotokoll.

2 Nenne den Fachbegriff der Besonderheit,
die Wasser bei diesem Versuch zeigt.

B Wie stark dehnt sich Wasser aus?

Material: Erlenmeyerkolben, Glasrohr, durchbohrter Stopfen, Heizplatte, Lineal, gefärbtes
Wasser, eiskaltes Wasser, Schutzbrille

Durchführung:

Schritt 1: Fülle den Erlenmeyerkolben mit
eiskaltem Wasser, bis er randvoll ist.

Schritt 2: Setze das Glasrohr mit dem Stopfen
auf.

Schritt 3: Markiere die Höhe des Wassers im
Glasrohr.

Schritt 4: Schalte die Heizplatte ein.

Schritt 5: Lies alle zwei Minuten die Höhe des
Wassers im Rohr ab.

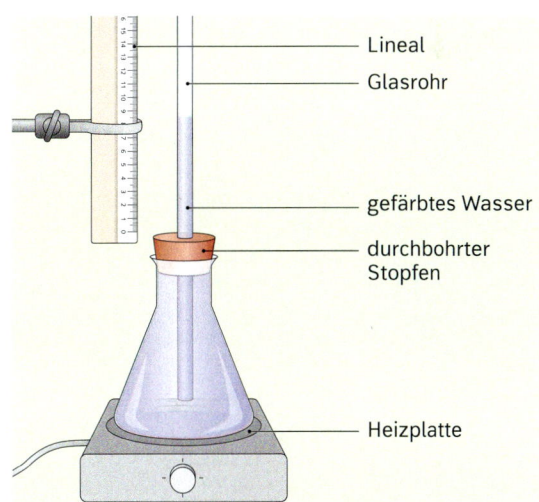

Lineal

Glasrohr

gefärbtes Wasser

durchbohrter
Stopfen

Heizplatte

4 Versuchsaufbau

1 Erstelle ein Diagramm. Auf der Rechtsachse
soll die Zeit, auf der Hochachse die Temperatur stehen.

2 Beschreibe die Veränderung des Volumens
mit steigender Temperatur.

3 ‖ Begründe, dass der Versuchsaufbau als
Thermometer genutzt werden kann.

Digital+
Film

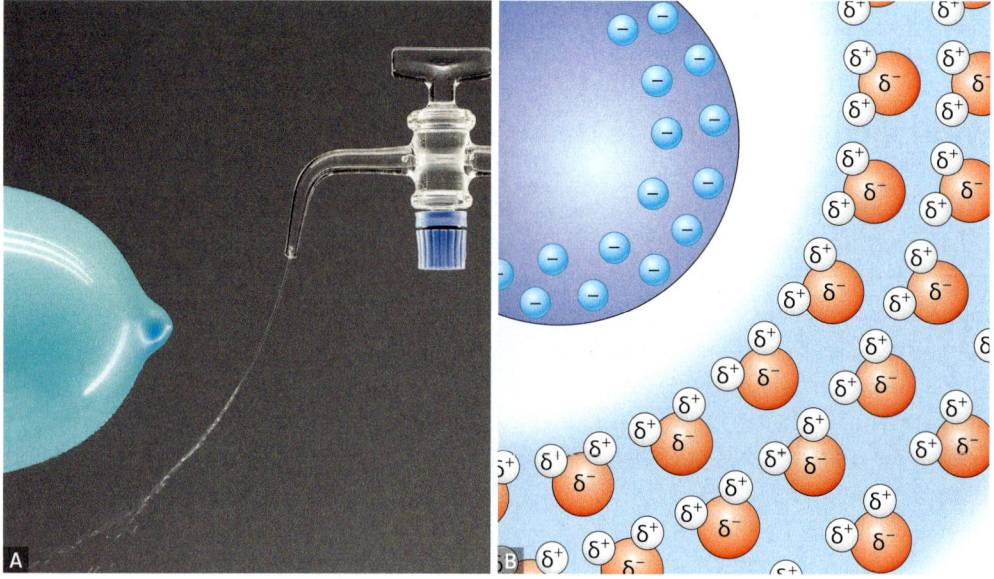

1 Ein Wasserstrahl wird abgelenkt. **A** Im Versuch, **B** Im Stoffteilchenmodell

Warum ist Wasser so ungewöhnlich?

Ein Wasserstrahl wird abgelenkt

Einen Luftballon kannst du durch Reibung an Kleidung negativ aufladen. Leitest du einen Wasserstrahl nahe an einem solchen Ballon vorbei, wird der Wasserstrahl in Richtung des Ballons abgelenkt (→ Bild 1A).

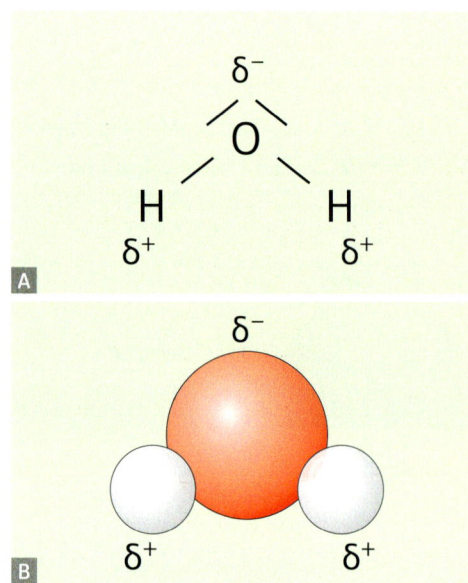

2 Teilladungen eines Wasser-Moleküls: **A** in der Strukturformel, **B** im Stoffteilchenmodell

Anziehung durch Teilladung

Grund für die Anziehung müssen positive Ladungen im Wasser sein, da nur solche Ladungen von negativen angezogen werden. Wasser-Moleküle sind allerdings ungeladen. Die Lösung liegt darin, dass die Atome im Wasser-Molekül jeweils Teilladungen tragen. Das sind Bruchteile einer ganzen positiven oder negativen Ladung. Innerhalb eines Moleküls heben sie sich gegenseitig auf.

Positive und negative Teilladungen

Das Sauerstoff-Atom im Wasser-Molekül hat eine negative Teilladung, die Wasserstoff-Atome haben jeweils eine positive Teilladung. Als Abkürzung nutzt du das Symbol δ^- (ausgesprochen: „**delta minus**") für negative Teilladungen und δ^+ für positive Teilladungen („**delta plus**") (→ Bild 2). Positive und negative Ladungen ziehen sich an. Genauso ziehen sich positive und negative Teilladungen an, nur etwas schwächer (→ Bild 2B).

Moleküle richten sich aus

Die positiven Teilladungen der Wasser-Moleküle werden von den negativen Ladungen des Ballons angezogen (→ Bild 1B). Die Wasser-Moleküle im Wasserstrahl drehen sich so, dass die Wasserstoff-Atome mit ihren positiven Teilladungen in Richtung des Ballons zeigen. Umgekehrt werden die negativen Teilladungen abgestoßen und zeigen weg vom Ballon. Insgesamt verbleibt eine stärkere Anziehung als Abstoßung und der Wasserstrahl wird in Richtung des Ballons abgelenkt.

Grund für die Teilladungen

Teilladungen kommen zustande, wenn ein Atom die Elektronen in einer Elektronenpaarbindung stark zu sich zieht. Dieses Phänomen kommt durch unterschiedliche **Elektronegativitäten** der Atome zustande. In einer O-H-Bindung ist das Sauerstoff-Atom stark elektronegativ und zieht die negativ geladenen Elektronen der Bindung stärker an als das Wasserstoff-Atom. Daher tritt beim Sauerstoff-Atom eine negative Teilladung auf. Folglich ergibt sich am weniger elektronegativen Wasserstoff-Atom eine positive Teilladung (→ Bild 3).

Polare Bindungen

Teilladungen treten nur bei solchen Bindungen auf, in denen der Unterschied der Elektronegativität der beteiligten Atome groß ist. Beispiele für solche Bindungen findest du in Bild 4. Eine Bindung, in der Teilladungen auftreten, heißt **polare Elektronenpaarbindung**.

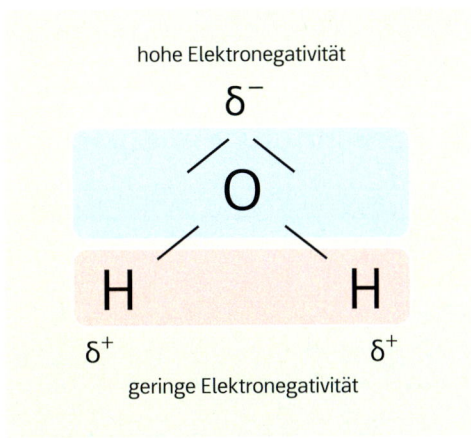

3 Positive und negative Teilladungen

Unpolare Bindungen

Ist der Unterschied der Elektronegativität der beteiligten Atome gering, ist es eine **unpolare Elektronenpaarbindung**. Dies ist immer bei Bindungen mit zwei gleichen Atomen der Fall. Es gibt aber auch weitere Beispiele (→ Bild 4).

Polar	Unpolar
O-H	O-O
N-H	C-H
C-O	N-N
C-N	C-C

4 Wichtige polare und unpolare Bindungen

> Elektronegative Atome ziehen die Elektronen in einer Bindung an. Es entsteht eine polare Elektronenpaarbindung. An den beteiligten Atomen treten Teilladungen auf. Du kürzt sie mit δ^- und δ^+ ab.

① Beschreibe das Zustandekommen von Teilladungen.

② Beschreibe den Unterschied zwischen einer polaren und einer unpolaren Elektronenpaarbindung.

③ ‖ Erkläre die Anziehung zwischen einem Wasserstrahl und einem geladenen Gegenstand.

Starthilfe zu 2: Achte auf die Teilladungen.

A Berechnung der Elektronegativitäts-Differenz

I	II	III	IV	V	VI	VII	VIII
H 2,1							He ---
Li 1,0	Be 1,5	B 2,0	C 2,5	N 3,0	O 3,5	F 4,0	Ne ---
Na 0,9	Mg 1,2	Al 1,5	Si 1,8	P 2,1	S 2,5	Cl 3,0	Ar ---
K 0,8	Ca 1,0	Ga 1,6	Ge 1,8	As 2,0	Se 2,4	Br 2,8	Kr ---
Rb 0,8	Sr 1,0	In 1,7	Sn 1,8	Sb 1,9	Te 2,1	I 2,5	Xe ---
Cs 0,7	Ba 0,9	Tl 1,8	Pb 1,8	Bi 1,9	Po 2,0	At 2,2	Rn ---

1 Elektronegativitätstabelle

Der Chemiker Linus Pauling erforschte die Elektronegativität. Er legte für jedes Atom einen Wert zwischen 0 und 4 fest und schrieb diese Werte in das PSE (→ Bild 1).
Atome mit einem großen Wert ziehen die Elektronen in einer Bindung stark an, Atome mit einem niedrigen Wert nur wenig.
Polare Bindungen treten immer dann auf, wenn die Differenz der Elektronegativitäten zweier Atome (EN-Differenz) einen Wert von 0,4 bis 1,7 hat. Unpolare Bindungen bilden sich bei Werten zwischen 0 und 0,4.
Zusätzlich lassen sich auch Ionenbindungen über die Elektronegativitäten vorhersagen. Sie treten auf, wenn die EN-Differenz größer als 1,7 ist (→ Bild 2).

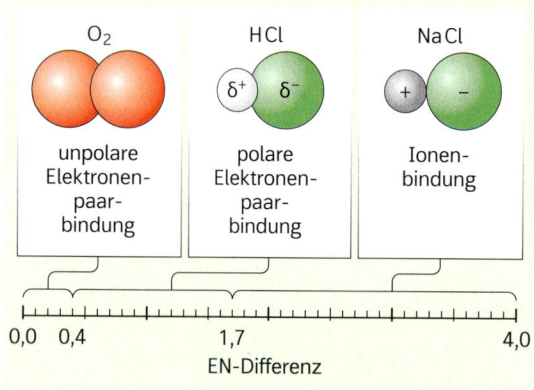

O_2 — unpolare Elektronenpaarbindung

HCl δ^+ δ^- — polare Elektronenpaarbindung

$NaCl$ + − — Ionenbindung

0,0   0,4   1,7   4,0
EN-Differenz

2 Die EN-Differenz bestimmt die Bindung

❶ Erkläre, wie du die EN-Differenz berechnest.

❷ Nenne die drei Atome mit der größten und die drei Atome mit der niedrigsten Elektronegativität.

❸ ‖ Nenne die Bindungsart, wenn die EN-Differenz in einem Molekül
a) kleiner oder gleich 0,4 ist.
b) zwischen 0,4 und 1,7 ist.
c) größer als 1,7 ist.

❹ ‖ Ermittle jeweils die Art der Bindungen in den folgenden Molekülen: Sauerstoff (O_2), Wasser (H_2O), Chlorwasserstoff (HCl) und Stickstoff (N_2).

❺ ‖‖‖ Salze sind Metall-Nichtmetall-Verbindungen. Die Ionen halten durch eine Ionenbindung zusammen. Überprüfe an Natriumchlorid (NaCl), Magnesiumoxid (MgO) und Calciumbromid ($CaBr_2$), ob diese Aussage auch bei der Bestimmung über die EN-Differenz richtig ist.

Elektronegativität der Atome:
Na: 0,9
Cl: 3,0

Berechnung:
3,0
- 0,9
2,1

EN-Differenz der Bindung: 2,1

3 Berechnung der EN-Differenz von NaCl

B Stimmts oder stimmts nicht?

Eine polare Elektronenpaarbindung liegt vor, wenn die EN-Differenz zwischen 0,4 und 1,7 ist.

Positive und negative Teilladungen stoßen sich ab.

Die Eigenschaft Bindungselektronen anzuziehen, heißt Elektronegativität.

In einem Wasser-Molekül trägt das Sauerstoff-Atom eine negative und die Wasserstoff-Atome positive Teilladungen.

Je größer die Teilladungen in einer Bindung sind, desto weniger stark ziehen sich die Atome gegenseitig an.

Bei gleichen Atomen ist die Differenz der Elektronegativität 4.

4 Aussagen zu polaren und unpolaren Elektronenpaarbindungen

① Nenne die drei korrekten Aussagen.

② Finde die drei falschen Aussagen. Verbessere diese und schreibe sie auf.

③ **a)** Schreibe vier weitere Aussagen auf.
b) Tausche deine Aussagen mit jemanden in deiner Klasse aus.
c) Nenne die korrekten Aussagen und korrigiere die falschen.

C Andere Ladung - gleiches Ergebnis

Ein Wasserstrahl wird in Richtung eines negativ geladenen Ballons abgelenkt. Was passiert aber, wenn der Ballon gegen einen positiv geladenen Gegenstand ausgetauscht wird (→ Bild 5)?

① **a)** Beschreibe die Beobachtungen, die du bei dem Versuch erwartest.
b) Begründe deine Erwartung.

② **a)** Gib an, ob die anziehenden oder die abstoßenden Kräfte zwischen dem Stab und den Wasser-Molekülen stärker sind.
Ⅱ **b)** Begründe, ob die positive oder die negative Teilladung der Wasser-Moleküle näher am Stab sein muss.
Ⅲ **c)** Zeichne ein Bild, das die Anordnung der Wasser-Moleküle und ihrer Teilladungen im Versuch zeigt.

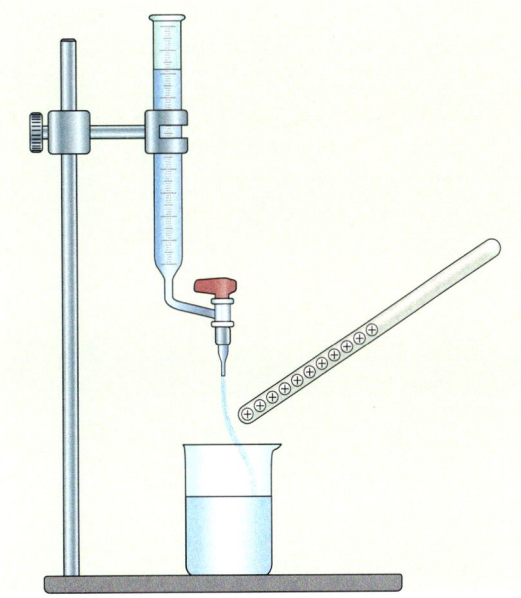

5 Wasser wird von positiven Ladungen angezogen.

Digital+
Film

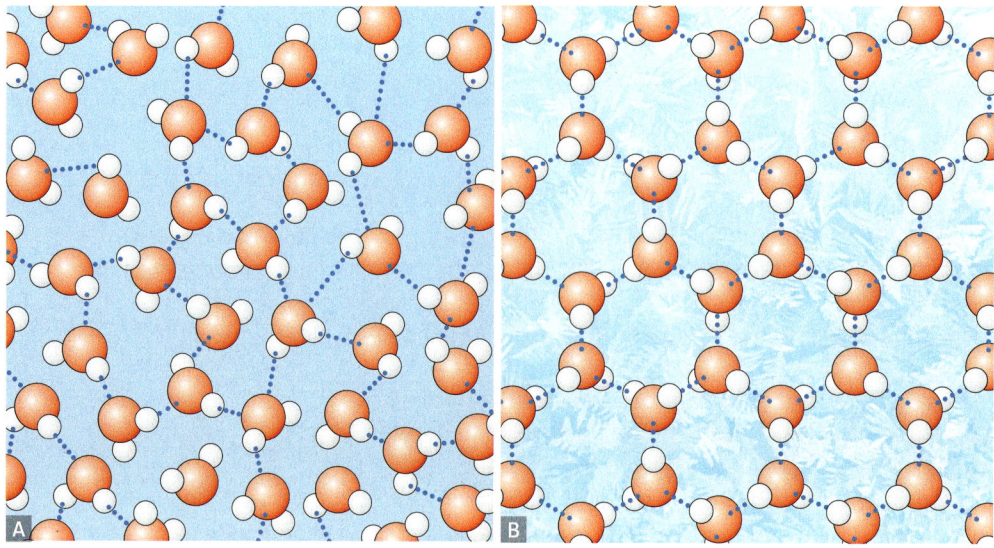

1 Wasser-Moleküle: **A** flüssiges Wasser, **B** gefrorenes Wasser

Die Wasserstoffbrücken

Die Struktur von Wasser

Eis schwimmt auf Wasser, ein Wasser-läufer versinkt nicht im Wasser. Das sind Beispiele für die Besonderheiten von Wasser.

Der Grund für diese Besonderheiten liegt in den Teilladungen des Wasser-Moleküls. Sie führen zu starken Anziehungskräften zwischen den Wasser-Molekülen. Der Fachbegriff heißt **Wasserstoffbrücken**.

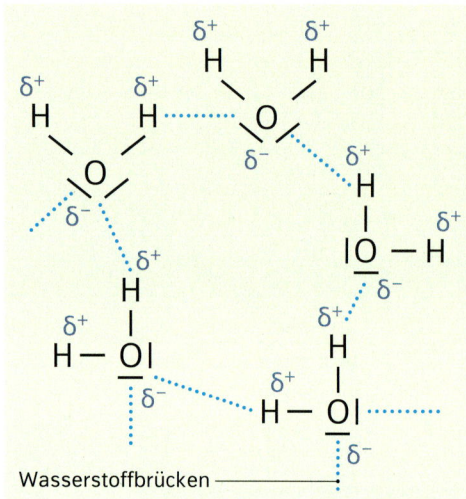

2 Wasserstoffbrücken bei Wasser-Molekülen

Wasserstoffbrücken

Eine Voraussetzung für das Entstehen von Wasserstoffbrücken ist eine polare Bindung. Von den an der Bindung beteiligten Atomen muss eines ein Wasserstoff-Atom sein. Wasserstoffbrücken können dann auftreten, wenn in einem Molekül folgende Bindungen vorhanden sind:
F-H, O-H oder N-H.

Die Siedetemperatur von Wasser

Wasser hat im Vergleich zu anderen Stoffen eine hohe Siedetemperatur. Grund sind die Wasserstoffbrücken zwischen den positiven und negativen Teilladungen verschiedener Wasser-Moleküle. Du zeichnest die Wasserstoffbrücken als gestrichelte Linien in Modellen (→ Bild 2). Die Wasserstoffbrücken halten die Wasser-Moleküle zusammen. Erst nach starkem Erwärmen werden die Anziehungskräfte überwunden und das Wasser verdampft. Andere Moleküle, wie Kohlenstoffdioxid, bilden keine Wasserstoffbrücken aus. Kohlenstoffdioxid verdampft deshalb unterhalb der Raumtemperatur von 20 °C und ist gasförmig.

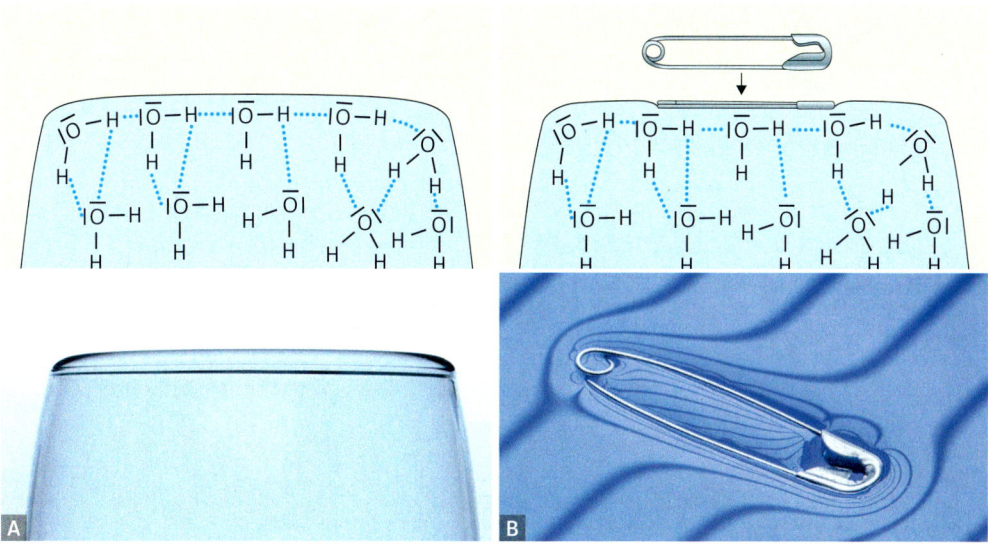

3 Die Oberflächenspannung im Stoffteilchenmodell: **A** Wasseroberfläche, **B** Büroklammer

Die Dichteanomalie

Eis schwimmt auf Wasser, weiles eine geringere Dichte als Wasser hat. Der Grund dafür sind auch hier die Wasserstoffbrücken. In Wasser sind die Wasser-Moleküle unregelmäßig und dicht angeordnet. Zwischen den Molekülen sind Wasserstoffbrücken vorhanden (→ Bild 1A).

In Eis sind die Wasser-Moleküle regelmäßig angeordnet. Die Moleküle bilden Sechsecke, die einen Hohlraum in der Mitte des Ringes haben (→ Bild 1B). Diese Hohlräume führen dazu, dass die zu Eis erstarrten Wasser-Moleküle mehr Platz benötigen als die unregelmäßig angeordneten flüssigen Wasser-Moleküle. In Eis werden die Wasser-Moleküle ebenfalls durch Wasserstoffbrücken zusammen gehalten.

Die Oberflächenspannung

In einem vollen Glas Wasser kannst du beobachten, wie sich das Wasser über den Rand des Glases wölbt, ohne überzulaufen. Der Grund für diese Oberflächenspannung sind ebenfalls die Wasserstoffbrücken zwischen den Wasser-Molekülen. Sie halten die Wasser-Moleküle zusammen, sodass das Wasser nicht überläuft (→ Bild 3A). Die Büroklammer in Bild 3B schwimmt auf der dem Wasser. Die Wasserstoffbrücken wirken so stark zwischen den Wassermolekülen, so dass das Gewicht der Klammer die Oberflächenspannung des Wassers nicht durchdringt.

> Wasserstoffbrücken wirken zwischen den Teilladungen verschiedener Wasser-Moleküle. Dadurch hat Wasser besondere Eigenschaften.

1 Zeichne zwei Wasser-Moleküle, die durch eine Wasserstoffbrücke verbunden sind.

2 Nenne zwei weitere Bindungen, bei denen Wasserstoffbrücken auftreten können.

3 **a)** Begründe, dass Eis auf Wasser schwimmt.
‖ **b)** Begründe die geringere Dichte von Eis im Vergleich zu Wasser, indem du die Anzahl an Wasser-Molekülen in Bild 1 abzählst.

4 ‖ Erkläre das Zustandekommen von Wassertropfen mit Hilfe der Stoffteilchendarstellung.

Starthilfe zu 4:
Auch hier sind die Oberflächenspannung bzw. die Wasserstoffbrücken entscheidend.

A Flüssig oder gasförmig?

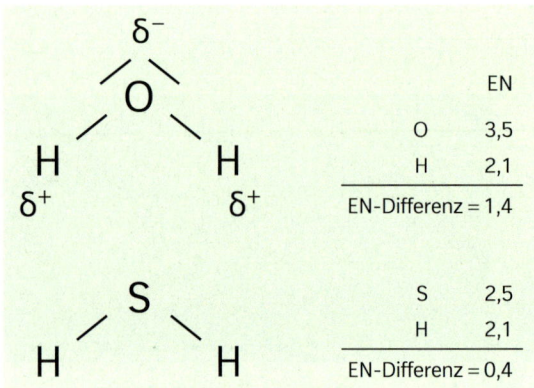

	EN
O	3,5
H	2,1
EN-Differenz = 1,4	

S	2,5
H	2,1
EN-Differenz = 0,4	

1 **A** Wasser-Moleküle sind polar, **B** Schwefelwasser-stoff-Moleküle sind unpolar

Wasser ist flüssig, da die Wasser-Moleküle von starken Wasserstoffbrücken zusammen gehalten werden. Schwefelwasserstoff hat die Formel H_2S. Seine Formel und die Struktur sind ähnlich wie die des Wasser-Moleküls. Trotzdem ist Schwefelwasserstoff gasförmig.

1 Berechne die EN-Differenz der Bindungen
a) im Wasser-Molekül,
b) im Schwefelwasserstoff-Molekül.

2 **a)** Zeichne ein Wasser- und ein Schwefelwasserstoff-Molekül.
b) Ergänze, falls vorhanden, die Teilladungen.

3 Begründe, ob zwischen Schwefelwasserstoff-Molekülen Wasserstoffbrücken auftreten.

4 ‖ Begründe, dass Schwefelwasserstoff im Gegensatz zu Wasser gasförmig ist.

B Tropfen sind nicht gleich

Wasser lässt sich auf eine Münze auftropfen, sodass ein großer runder Tropfen entsteht.

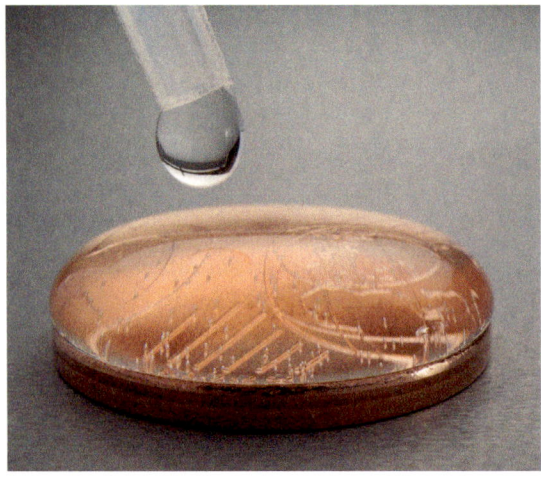

2 Wasser wölbt sich auf einer Münze

1 Nenne den Fachbegriff für den Effekt, der die Rundung des Wassertopfens verursacht.

2 Nenne den Fachbegriff der Anziehung, auf der dieser Effekt beruht.

3 ‖ Zeichne einen Ausschnitt aus dem Wassertropfen auf Stoffteilchenebene. Achte dabei auf die Anordnung der Wasser-Moleküle und zeichne die Wasserstoffbrücken ein.

4 ‖ Stelle eine Vermutung an, wie der Tropfen aussieht, bei der Verwendung von:
a) Benzin (nur C-C und C-H Bindungen)
b) Alkohol (C-C, C-H, C-O und O-H Bindungen)

● ● ÜBEN UND ANWENDEN

ⓒ Die Struktur von Eiskristallen

3 Eiskristalle formen sich zu ungewöhnlichen Strukturen

Eis bildet oft wunderschöne Kristalle. Unter dem Mikroskop kannst du erkennen, dass es sehr viele unterschiedliche Formen gibt. (→ Bild 3). Die Wasser-Moleküle im Eis bilden dabei immer eine Struktur mit sechseckigen Hohlräumen. Die Temperatur und die Luftfeuchtigkeit entscheiden, welche Form ein Einkristall annimmt. Wenn es sehr kalt ist, bilden sich komplizierte sechsarmige Eiskristalle.

① Nenne Orte, an denen du Eiskristalle finden kannst.

② **a)** Ordne das richtige Stoffteilchenbild in Bild 4 den Eiskristallen in Bild 3 zu.
‖ b) Begründe deine Zuordnung.

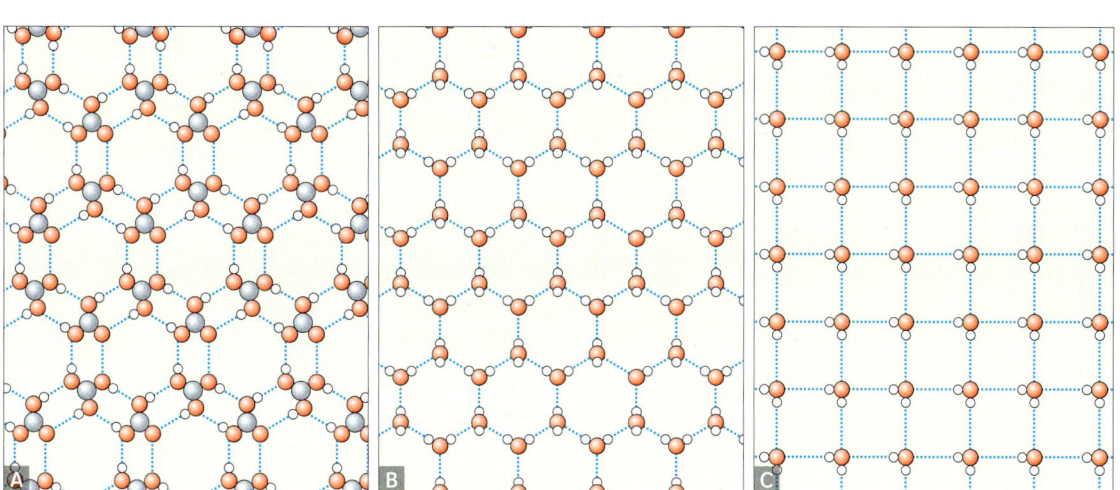

4 Welches ist die Struktur von Eis? **A**, **B** oder **C**?

1 Kupfersulfat wird gelöst

Wasser löst Salze

Die Löslichkeit von Stoffen

Viele Feststoffe, besonders Salze, lösen sich gut in Wasser. Auch Flüssigkeiten sind löslich. Ein Beispiel ist Alkohol. Gase, wie Kohlenstoffdioxid oder Chlorwasserstoff lösen sich auch in Wasser. Dabei entsteht ein Gemisch aus zwei Stoffen, dem gelösten Stoff und dem **Lösemittel Wasser**.

Die Löslichkeit ist begrenzt

Es löst sich nicht unendlich viel Salz in Wasser. In 100 ml Wasser lösen sich höchstens 317 g Kupfersulfat. Gibst du weiteres Salz hinzu, löst es sich nicht mehr auf. Es bleibt als Bodensatz liegen. Eine **gesättigte Lösung** ist entstanden (→ Bild 1).

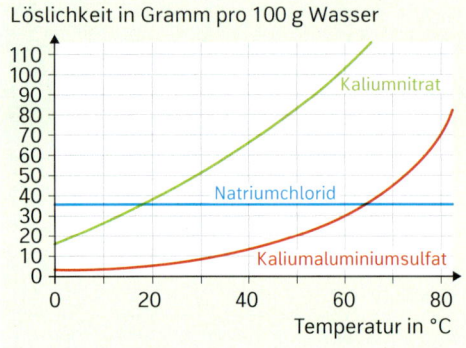

2 Die Löslichkeit hängt von der Temperatur ab.

Löslichkeit beim Erwärmen

Erwärmst du eine Salzlösung, in der sich ungelöstes Salz als Bodensatz abgelagert hat, löst sich das Salz oft wieder. Löst du durch Erwärmen weiteres Salz in der gesättigten Lösung, entsteht eine **übersättigte Lösung**. Sinkt die Temperatur ab, bildet sich im Glas wieder ein Bodensatz des Salzes. Das zuvor durch die erhöhte Temperatur gelöste Salz **fällt aus**. Die Löslichkeit von festen Stoffen ist von der Temperatur abhängig. In der Regel löst sich umso mehr eines Stoffes, je höher die Temperatur des Lösemittels ist (→ Bild 2).

Elektrische Leitfähigkeit

Feste Salze enthalten Ionen. Sie leiten den elektrischen Strom jedoch nicht. Die Ionen sind durch die starken Anziehungskräfte der Ionenbindung unbeweglich. Wird Salz, wie zum Beispiel Natriumchlorid, in Wasser gelöst, können sich die Natrium-Ionen und die Chlorid-Ionen frei bewegen. Alle Salzlösungen sind elektrisch leitfähig. Je mehr Salz in Wasser gelöst ist, desto besser ist die elektrische Leitfähigkeit.

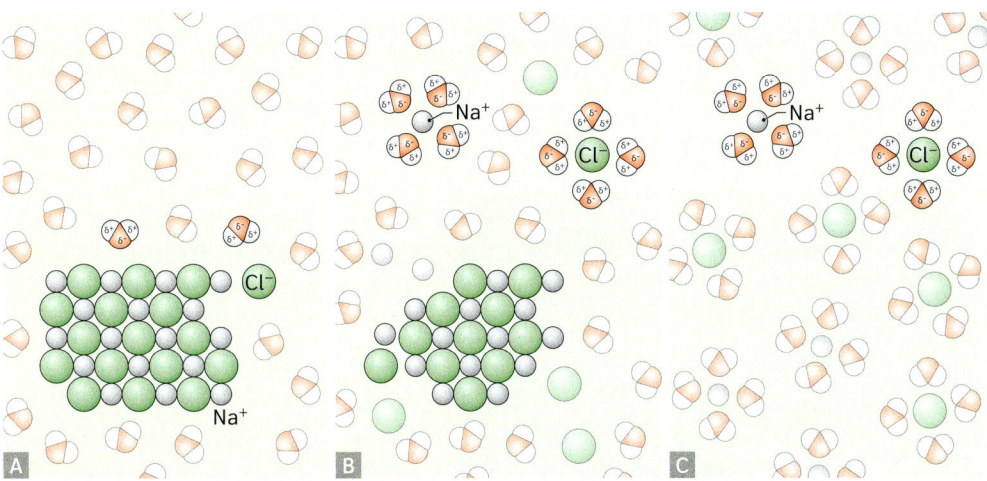

3 Der Lösevorgang von Kochsalz in Wasser

Wie Wasser Salz löst

Salze bestehen aus Ionen. In festem Salz sind die positiv und negativ geladenen Ionen in einem Ionengitter gebunden. Wird Salz in Wasser gegeben kommen die Ionen mit Wasser-Molekülen in Kontakt. An den Kanten der Salzkristalle werden einzelne Ionen aus dem Ionengitter herausgelöst (→ Bild 4A). Dies geschieht, indem die Ladungen der Ionen mit den Teilladungen der Wasser-Moleküle wechselwirken. Dabei kommt es zu einer Anziehung (→ Bild 4B).

Um die positiv geladenen Ionen drängen sich die Wasser-Moleküle mit ihrer negativen Ladungsseite. Bei den negativ geladenen Ionen ist es umgekehrt (→ Bild 4C).

Hydratisierung

Die Wasser-Moleküle umhüllen jedes Ion und bilden eine Hydrathülle. Die Ladung des Ions und die Teilladungen der polaren Wasser-Moleküle wechselwirken miteinander. Die Hydrathülle verhindert, dass sich erneut Salzkristalle bilden. Erst wenn das Wasser, zum Beispiel durch Verdampfen, entzogen wird, kristallisiert das Salz wieder aus.

> Stoffe sind in Wasser unterschiedlich gut löslich. Diese Löslichkeit ist von der Temperatur abhängig.
> Beim Lösevorgang bildet sich eine Hydrathülle aus Wasser-Molekülen um die Ionen des Salzes.

1 Beschreibe was du beobachtest, wenn du 400 g Kupfersulfat in 100 ml Wasser löst.

2 ❙❙ Beschreibe was du beobachtest, wenn du eine gesättigte Salzlösung erwärmst.

3 **a)** Beschreibe die Löslichkeit von Kaliumchlorid bei steigender Temperatur.
❙❙ **b)** Stelle eine Vermutung an, welche Beobachtung du machst, wenn das Lösemittel in einer gesättigten Kochsalzlösung verdunstet.

Starthilfe zu 3:
Nutze das Diagramm in Bild 2.

4 **a)** Beschreibe den Lösevorgang eines Salzes auf Stoffteilchenebene.
❙❙ **b)** Fertige eine Skizze der Hydrathülle um ein Natrium-Ion und um ein Chlorid-Ion an und begründe jeweils die Anordnung der Wasser-Moleküle.

Ⓐ Worin löst sich Kochsalz?

1 Kochsalz in Wasser

2 Calciumcarbonat in Wasser

3 Kochsalz in Speiseöl

Material: Reagenzgläser, Reagenzglasständer, Glasstab, Wasser, Speiseöl, 10 g Kochsalz, 5 g Calciumcarbonat

Durchführung:

Schritt 1: Fülle 2 cm hoch Wasser in ein Reagenzglas.

Schritt 2: Gib 5 g Kochsalz in das Reagenzglas und rühre um.

Schritt 3: Wiederhole Schritt 1 und 2 mit Calciumcarbonat.

❶ Notiere deine Beobachtungen in einem Versuchsprotokoll.

Schritt 4: Fülle 2 cm hoch Speiseöl in ein Reagenzglas.

Schritt 5: Gib 5 g Kochsalz in das Reagenzglas und rühre um.

❷ Gib die Unterschiede nach der Zugabe von Kochsalz an.

❸ ▌▌ Nenne die Flüssigkeiten, in denen sich Kochsalz löst.

❹ ▌▌▌ Begründe anhand der Beobachtung in Schritt 5, ob Speiseöl Teilladungen hat oder nicht.

❺ **a)** Recherchiere die Löslichkeit von Kupfersulfat, Kochsalz und Calciumcarbonat in einem Liter Wasser.

▌▌▌ **b)** Verdeutliche die unterschiedliche Wasserlöslichkeit in einem Diagramm. Erstelle dazu ein Balkendiagramm, indem du die Löslichkeit der drei Stoffe einzeichnest.

Die Gewinnung von Salzen

Kochsalz aus Meerwasser

4 Ein Salzgarten am Meer

In einem Liter Meerwasser sind durchschnittlich 11 g Natriumchlorid, also Kochsalz gelöst. Zur Gewinnung wird das Meerwasser in Salzgärten, auch Meersalinen genannt gegeben. Salzgärten bestehen aus flachen Becken, in die das Meerwasser geleitet wird. Mit der Zeit verdunstet das Wasser und das Salz bleibt zurück. Das Salz wird anschließend abgeschöpft. In einigen Teilen der Welt geschieht das sogar heute noch per Hand.

Gewinnung von Lithium

In der Salar de Uyuni, einer Salzwüste in Bolivien, gibt es große Vorkommen an Lithium. Es lagert als Lithiumcarbonat in Wasserläufen unter der Erde. Zur Gewinnung von reinem Lithium wird die salzhaltige Lösung in große Becken geleitet und mit Frischwasser angereichert. Durch die Sonneneinstrahlung verdunstet das Wasser. Die zurückbleibende gesättigte Salzlösung enthält auch Magnesium, das entfernt werden muss. Für die Gewinnung einer Tonne Lithium werden zwei Millionen Liter Wasser benötigt.

5 Der Salar de Uyuni in Bolivien.

1 Begründe, in welchen Ländern der Erde eine Salzgewinnung aus Meerwasser sinnvoll ist.

2 Begründe, dass die Gewinnung von Lithium für Akkus problematisch für die Umwelt ist.

3 ❚❚ Diskutiere Vor- und Nachteile des Batterierecyclings.

Auf einen Blick: Wasser - ein wichtiger Stoff

Wasser und Eis

Die Dichte der meisten Stoffe ist im festen Zustand größer als im flüssigen. Wasser und Eis bilden eine Ausnahme. Eis hat eine geringere Dichte als Wasser. Dieses Phänomen heißt Dichteanomalie des Wassers. Gefriert Wasser, bilden sich sechseckige Ringe. Im Inneren dieser Ringe ist ein Hohlraum. Durch diesen Hohlraum hat Eis eine geringere Dichte als Wasser und schwimmt auf dem Wasser.

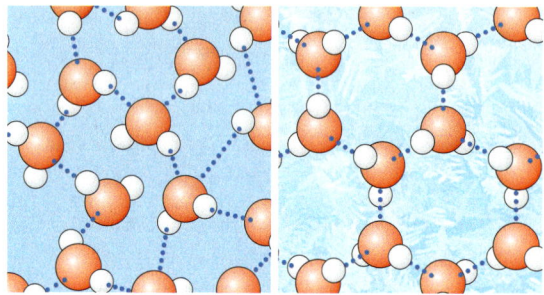

Elektronegativität

Elektronegativität (EN) bezeichnet die Eigenschaft, Bindungselektronen anzuziehen. Ablesen kannst du sie in der Elektronegativitätstabelle oder im Periodensystem. Die EN-Differenz eines Moleküls gibt an, ob eine polare oder unpolare Elektronenpaarbindung herrscht.

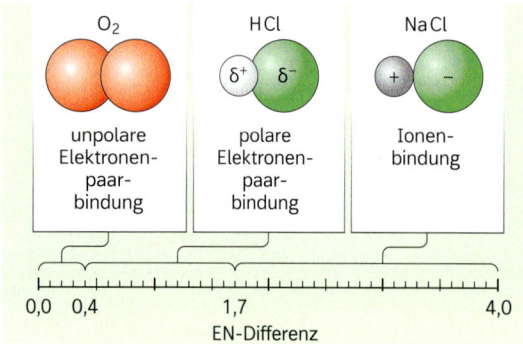

Polare Elektronenpaarbindung

Die Wasserstoff-Atome eines Wasser-Moleküls haben eine positive (δ+) und das Sauerstoff-Atom eine negative Teilladung (δ-). Durch die Teilladungen im Wasser-Molekül werden die Bindungselektronen unterschiedlich stark zu den Atomkernen gezogen. Es handelt sich um eine polare Elektronenpaarbindung.

Wasserstoffbrücken

Benachbarte Wasser-Moleküle ziehen sich durch ihre Teilladungen gegenseitig an. Durch diese Wasserstoffbrücken lassen sich die hohe Siedetemperatur und die Tröpfchenbildung begründen. So erklärt sich auch die Oberflächenspannung des Wassers. Deshalb kannst du Gläser so füllen, dass sich das Wasser darauf wölbt. Verbindungen aus Wasserstoff mit Fluor, Sauerstoff, Stickstoff oder Chlor können auch Wasserstoffbrücken ausbilden.

Wasser löst Salze

Kochsalz besteht aus positiv geladenen Natrium-Ionen und negativ geladenen Chlorid-Ionen. Aufgrund der Anziehung zwischen den Teilladungen im Wasser-Molekül und den Ladungen der Ionen im Salzkristall, werden die Ionen aus dem Salzgitter herausgelöst.

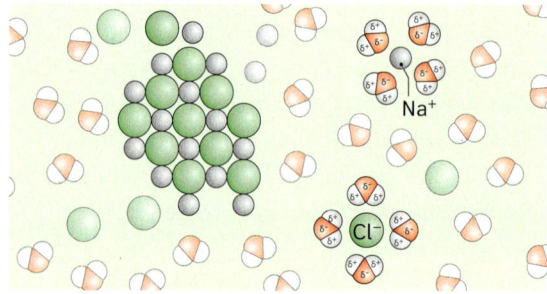

Lerncheck: Wasser - ein wichtiger Stoff

Wasser ist ein besonderer Stoff

1 Erkläre, dass Eiswürfel in deinem Getränk oben schwimmen.

2 Erkläre das Zustandekommen der Oberflächenspannung von Wasser.

3 Gib zwei Eigenschaften an, die Wasser besonders machen.

4 Beschreibe den Erstarrungsvorgang von Wasser.

Polare und unpolare Elektronenpaarbindung

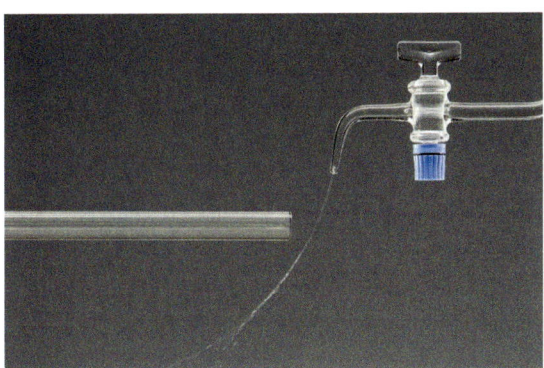

5 a) Beschreibe das Bild oben.
b) Gib die Eigenschaften an, auf denen dieses Phänomen beruht.

6 Erläutere mithilfe einer Skizze die Anordnung der Teilladungen in einem Wasser-Molekül.

7 Nenne mindestens zwei Moleküle, die Wasserstoffbrücken ausbilden können.

8 Erläutere den Unterschied zwischen einer polaren und einer unpolaren Elektronenpaarbindung.

Wasser ist besonders

9 Erkläre bei Wasser
a) die hohe Siedetemperatur und
b) die Tröpfchenbildung.

10 Beschreibe die Anziehungskräfte, die zwei Wasser-Moleküle zusammenhalten.

Wasser löst Salze

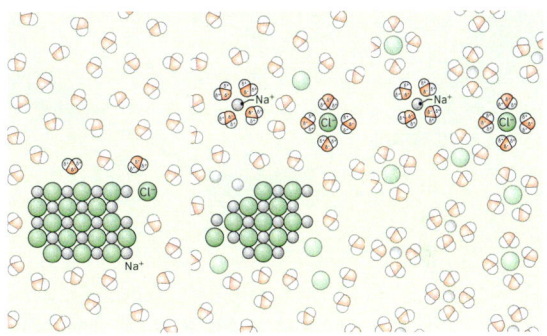

11 Beschreibe den Lösevorgang von Kochsalz mithilfe des oberen Bilds.

12 Gib die Ladungen in einem Natriumchlorid-Molekül an.

DU KANNST JETZT ...

- ... die Dichteanomalie des Wassers erklären.
- ... die Oberflächenspannung von Wasser erklären.
- ... die polare und die unpolare Elektronenpaarbindung unterscheiden.

DU KANNST JETZT ...

- ... Teilladungen beschreiben.
- ... den Aufbau von Wasserstoffbrücken beschreiben.
- daraus die Eigenschaften des Wassers erklären.
- erläutern, dass Wasser Salze löst.

Lerncheck

Saure und alkalische Lösungen

Warum werden Brezel mit Natronlauge bestrichen?

Wo kommen saure und alkalische Lösungen im Alltag vor?

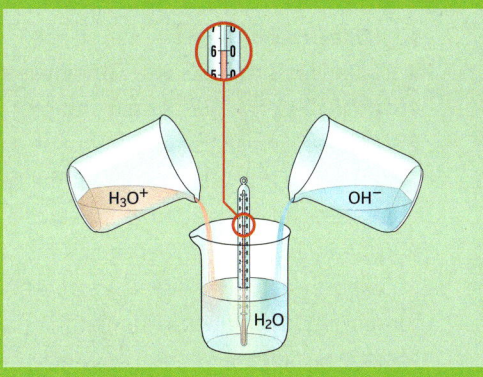

Was passiert, wenn saure und alkalische Lösungen gemischt werden?

1 Essig im Salatdressing und Natronlauge auf Laugengebäck

Saure und alkalische Lösungen

Lebensmittel

Säuren und Basen werden in der Chemie häufig verwendet. Sie haben aber auch im täglichen Leben eine Bedeutung. Sie sind in vielen Lebensmitteln enthalten. Zitronen und Limetten sind zum Beispiel sauer, weil sie Zitronensäure enthalten. Cola enthält verdünnte Phosphorsäure. Sie ist ein Konservierungsmittel und gleichzeitig ist sie für den sauren Geschmack verantwortlich. Laugengebäck wird vor dem Backen mit verdünnter Natronlauge bestrichen. Beim Backen zersetzt sie sich und ist deshalb nicht mehr ätzend. Auch einige Reinigungsmittel enthalten Säuren und Basen. Sie reinigen und desinfizieren Oberflächen.

Reinstoffe und Lösungen

Säuren und Basen sind Reinstoffe. Die wässrigen Lösungen von Säuren werden **saure Lösungen** genannt. Wird eine Base in Wasser gelöst, entsteht eine **alkalische Lösung**. Im Alltag werden die Begriffe Säure und saure Lösung beziehungsweise Base und alkalische Lösung oft gleichwertig verwendet. Aus chemischer Sicht ist dies jedoch nicht richtig.

Essigsäure

Eine der bekanntesten sauren Lösungen aus dem Alltag ist **Essig**. Speiseessig wird als Geschmacksstoff in Salaten und als Konservierungsmittel verwendet. Essig ist eine Lösung von Essigsäure in Wasser. Essigsäure ist eine klare, stechend riechende Flüssigkeit und wirkt desinfizierend.

Kohlensäure

In einem Sprudelbereiter wird Kohlenstoffdioxid unter Druck in Wasser gelöst. Dabei entsteht etwas **Kohlensäure** (H_2CO_3). Öffnest du die Flasche, steigen Gasblasen auf, die aus Kohlenstoffdioxid bestehen. Wird Kohlensäure in Wasser gelöst, bildet sich eine **kohlensaure Lösung**.

Chlorwasserstoff

Wird die gasförmige Säure **Chlorwasserstoff (HCl)** in Wasser gelöst, entsteht **Salzsäure**. Sie ist in verdünnter Form in der Magensäure enthalten. Sie tötet Bakterien ab und zersetzt Nahrung, damit diese vom Körper aufgenommen werden kann. Salzsäure ist ein wichtiger Ausgangsstoff für die Produktion von Kunststoffen und Medikamenten.

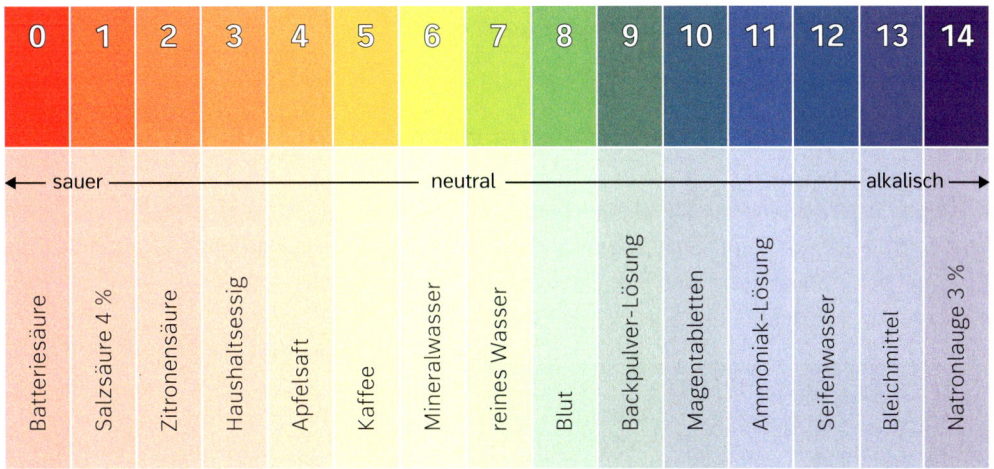

2 Die pH-Werte verschiedener Lösungen

Ammoniak

Wird die stechend riechende, gasförmige Base **Ammoniak (NH₃)** in Wasser gelöst, entsteht **Ammoniak-Lösung**. Ammoniak-Lösung wird in Glasreinigern oder zum Desinfizieren verwendet.

Calciumhydroxid

Calciumhydroxid (Ca(OH)₂) ist ein farb- und geruchloser Feststoff. Die alkalische Lösung wird **Calciumhydroxid-Lösung** oder **Kalkwasser** genannt. Mit Kalkwasser kann Kohlenstoffdioxid nachgewiesen werden. Beim Einleiten von Kohlenstoffdioxid in Kalkwasser trübt sich die klare Lösung.

> Die Lösung einer Säure heißt saure Lösung. Die Lösung einer Base heißt alkalische Lösung.

Natriumhydroxid

Löst du **Natriumhydroxid (NaOH)** in Wasser, entsteht **Natronlauge**. Sie ist eine alkalische Lösung. Laugengebäck wird vor dem Backen mit verdünnter Natronlauge bestrichen und erhält dadurch beim Backen seine braune Färbung (→ Bild 1). Natronlauge wird auch zur Herstellung von Seifen und Medikamenten verwendet.

Der pH-Wert

Der pH-Wert gibt an, ob eine Lösung sauer, neutral oder alkalisch ist. Die pH-Skala reicht von 0 bis 14 (→ Bild 2).
Ist der pH-Wert kleiner als 7, ist die Lösung sauer. Bei pH-Wert 7 ist die Lösung neutral und bei einem pH-Wert größer als 7 ist die Lösung alkalisch. Zur Bestimmung des pH-Werts eignet sich Universalindikator-Papier oder ein pH-Messgerät.

1 Erläutere, wie aus einer Säure eine saure Lösung und aus einer Base eine alkalische Lösung hergestellt werden kann.

2 Beurteile, ob folgende Lösungen sauer, neutral oder alkalisch sind: Mineralwasser, Seifenwasser, Ammoniak-Lösung, Apfelsaft, Blut, Salzsäure, Brezellauge.

3 ‖ Ordne die folgenden Stoffe in Säuren, saure Lösungen, Basen und alkalische Lösungen:
Ammoniak, Salzsäure, Calciumhydroxid, Natronlauge, Essig, Chlorwasserstoff, Natriumhydroxid, Kalkwasser.

Starthilfe zu 2:
Erstelle eine Tabelle mit den Spalten Säure, saure Lösung, Base und alkalische Lösung.

A Welches Gas entweicht aus dem Sprudelwasser?

Kohlenstoffdioxid kann mit der alkalischen Lösung Kalkwasser nachgewiesen werden. Beim Einleiten von Kohlenstoffdioxid in Kalkwasser entstehen Calciumcarbonat ($CaCO_3$) und Wasser.

1 Kohlenstoffdioxid nachweisen

Material: Stopfen mit Loch, 2 Glasröhrchen, Schlauch, Becherglas, Sprudelwasser, Kalkwasser ($Ca(OH)_2$), Schutzbrille

Durchführung:
Schritt 1: Baue den Versuch wie in Bild 2 auf.
Schritt 2: Schüttle die Sprudelflasche leicht, so dass es sprudelt.

1 Erstelle ein Versuchsprotokoll.

2 Erkläre mithilfe der Veränderung des Kalkwassers, welches Gas aus dem Sprudelwasser entwichen ist.

3 **a)** Stelle die Wortgleichung auf.
  b) Stelle die Reaktionsgleichung auf.

B Kohlensäure in Getränken

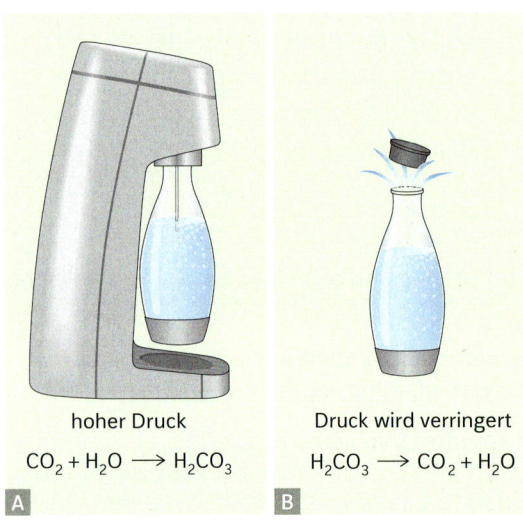

hoher Druck

$CO_2 + H_2O \longrightarrow H_2CO_3$

A

Druck wird verringert

$H_2CO_3 \longrightarrow CO_2 + H_2O$

B

2 Sprudel selbst herstellen

Beim Öffnen einer Sprudelflasche kannst du ein Zischen hören. In den Getränken ist Kohlenstoffdioxid unter hohem Druck eingepresst. Dabei entsteht in geringer Menge Kohlensäure.

1 Beschreibe die Bedingung unter der sich Kohlenstoffdioxid in Wasser löst.

2 **a)** Erläutere die chemischen Vorgänge beim „Sprudeln" von Wasser in Bild 2A.
  b) Erläutere die chemischen Vorgänge beim Öffnen der Sprudelflasche in Bild 2B.

Saure und alkalische Lösungen im Alltag

In Erfrischungsgetränken

In Erfrischungsgetränken sind verschiedene Säuren gelöst. In verdünnter Form sorgen die Säuren für den erfrischenden Geschmack. In Getränken sind oft Citronensäure oder Phosphorsäure enthalten.

3 Das Etikett einer Cola-Flasche

Zum Schützen

Junge Bäume können mit weißer Kalkmilch gestrichen werden. Kalkmilch enthält Kalkwasser und ist alkalisch. Es wirkt desinfizierend und behindert das Wachstum von Krankheitserregern und Schimmelpilzen.

5 Ein junger Baum wird mit Kalkmilch bestrichen.

Auf Gebäck

Der Teig von Laugengebäck wird vor dem Backen mit einer alkalischen Lösung aus verdünnter Natronlauge bestrichen. Das Laugengebäck erhält dadurch seinen typischen Geschmack und seine dunkle Farbe.

4 Laugenbrezel

Im Magen

Magensäure enthält etwa 0,3%ige Salzsäure. Im Magen zersetzt sie Nahrung und tötet Bakterien ab. Magensäure ist keine Säure, sondern eine saure Lösung.

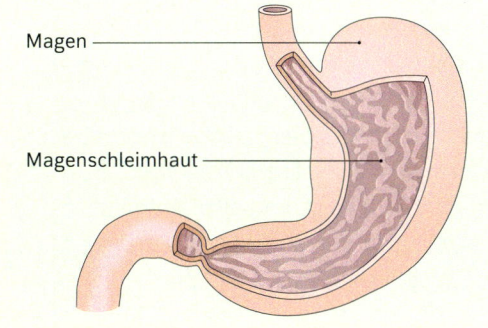

6 Magensäure ist eine saure Lösung.

1 Betrachte das Etikett der Colaflasche in Bild 3. Nenne die angegebenen Säuren.

2 Begründe, dass Bäume mit Kalkmilch eingestrichen werden.

3 ‖ Stelle eine Vermutung an, weshalb es ungefährlich ist Laugengebäck zu essen.

4 ‖‖ Recherchiere, warum der Magen von der Magensäure nicht angegriffen wird.

Digital+
Film

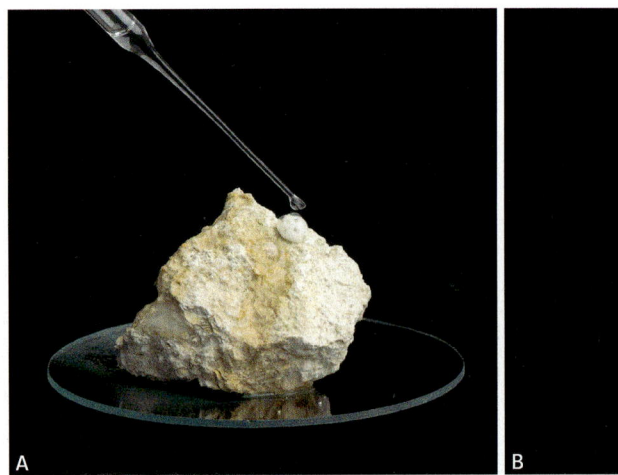
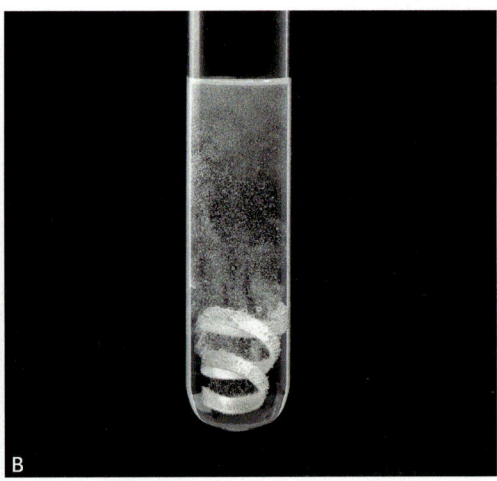

1 Salzsäure zersetzt bestimmte Stoffe: **A** Kalkstein, **B** unedle Metalle

Saure Lösungen reagieren

Reaktion mit Kalkstein

Kalk besteht aus Calciumcarbonat ($CaCO_3$). Gibst du Salzsäure auf ein Stück Kalkstein, wird er zersetzt und es bildet sich ein farbloses Gas (→ Bild 1A). Es entstehen das Salz Calciumdichlorid ($CaCl_2$), Wasser und Kohlenstoffdioxid:

$$CaCO_3 + 2\,HCl \rightarrow CaCl_2 + H_2O + CO_2$$

Leitungswasser enthält Kalk. Mit der Zeit lagert sich dieser an Haushaltsgeräten und in Wasserleitungen ab und kann dadurch Durchflüsse verstopfen. Geräte wie Kaffeemaschinen oder Wasserkocher werden dadurch beschädigt. Entkalker enthalten schwache Säuren, um Kalkablagerungen in den Geräten zu lösen (→ Bild 2).

2 Entkalken: **A** Vorher, **B** Nachher

Reaktion mit unedlen Metallen

Saure Lösungen reagieren mit unedlen Metallen. Es findet eine chemische Reaktion statt. Das Metall wird zersetzt und Wasserstoff wird freigesetzt. Gibst du das unedle Metall Magnesium in Salzsäure, entsteht das Salz Magnesiumdichlorid ($MgCl_2$) und Wasserstoff (→ Bild 1B):

$$Mg + 2\,HCl \rightarrow MgCl_2 + H_2$$

Der entstehende Wasserstoff kann mit der Knallgasprobe nachgewiesen werden.

Edelmetalle

Die Edelmetalle Gold, Platin und Silber sind gegenüber den meisten sauren Lösungen beständig. Eine Mischung aus Salzsäure und Salpetersäure kann jedoch sogar Gold auflösen. Dieses Säuregemisch heißt **Königswasser**.

Ätzende Wirkung

Säuren und saure Lösungen sind ätzend und zerstören Oberflächen und Gewebe. Beim Arbeiten mit ätzenden Stoffen müssen Handschuhe, Schutzbrille und Schutzkleidung getragen werden.

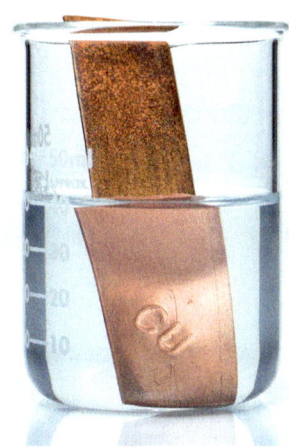

3 Salzsäure im Einsatz: **A** Kalkschleier entfernen, **B** Metalle reinigen

Salzsäure im Einsatz

Ein Fliesenleger reinigt Fliesen nach dem Verfugen mit verdünnter Salzsäure, um den Kalkschleier auf den Fliesen zu beseitigen (→ Bild 3A). Der Kalk wird von der Salzsäure zersetzt.

Metalle lassen sich mit Salzsäure entrosten. Das Metall wird dazu in die Säure getaucht oder damit bestrichen (→ Bild 3B). Die Säure reagiert mit der Oxidschicht auf dem Metall.

4 Bei Kontakt mit Säuren, Augen auswaschen!

Schwefelsäure und Salpetersäure

Stoffe die Kohlenstoff enthalten, verfärben sich bei Kontakt mit Schwefelsäure schwarz. Dabei werden die Kohlenstoffverbindungen von der Säure zersetzt. Zurück bleibt der Kohlenstoff.

Deshalb ist es wichtig, beim Arbeiten mit Schwefelsäure Schutzkleidung und Schutzbrille zu tragen. Salpetersäure zersetzt Eiweiß und kann bei Berührung die Haut verätzen. Bei Kontakt mit den Augen, muss die Säure sofort mit einer Augendusche ausgespült werden (→ Bild 4).

Salpetersäure ist sogar in der Lage, Silber zu lösen. Das Edelmetall Gold wird von Salpetersäure jedoch nicht angegriffen.

> Saure Lösungen reagieren mit Kalkstein und unedlen Metallen. Beim Arbeiten mit Säuren und sauren Lösungen ist eine Schutzausrüstung notwendig.

1 Nenne und beschreibe Situationen, in denen Säuren oder saure Lösungen im Alltag genutzt werden.

2 Nenne jeweils drei Metalle, die gegen Säuren und saure Lösungen beständig oder nicht beständig sind.

3 Formuliere die Reaktionsgleichung für folgende Reaktionen:
a) Salzsäure reagiert mit Calciumcarbonat.
b) Salzsäure reagiert mit Aluminium.

Starthilfe zu 3c:
Es entsteht Aluminiumtrichlorid ($AlCl_3$).

4 Beschreibe einen Versuch der zeigt, ob Schmuck aus echtem Gold besteht.

»

Ⓐ Metalle reagieren unterschiedlich heftig mit Salzsäure

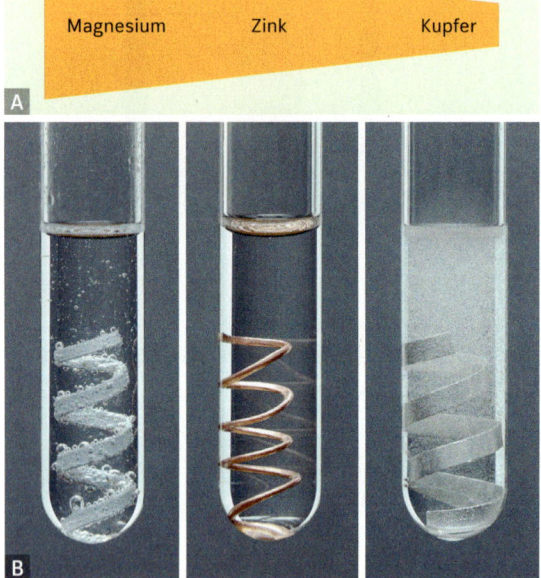

Magnesium   Zink   Kupfer

1 A Ausschnitt aus der Oxidationsreihe der Metalle,
B Metalle reagieren mit Salzsäure.

Gibst du Metalle, die unterschiedlich edel oder unedel sind in Salzsäure, kannst du unterschiedlich starke Reaktionen beobachten.

1 **a)** Zeichne die Oxidationsreihe aus Bild 1A in dein Heft und kennzeichne die richtigen Enden mit „edel" und „unedel".
II b) Erweitere die Oxidationsreihe am linken und rechten Rand mit mindestens einem weiteren Metall.

2 **II a)** Ordne die drei Metalle Magnesium, Zink und Kupfer den richtigen Reagenzgläsern in Bild 1B zu.

Starthilfe zu 2a:
Je heftiger ein Metall mit Säure reagiert, desto unedler ist es.

II b) Nenne jeweils die Wortgleichung.
III c) Nenne jeweils die Reaktionsgleichung.

Ⓑ Die Wirkung von Entkalkern

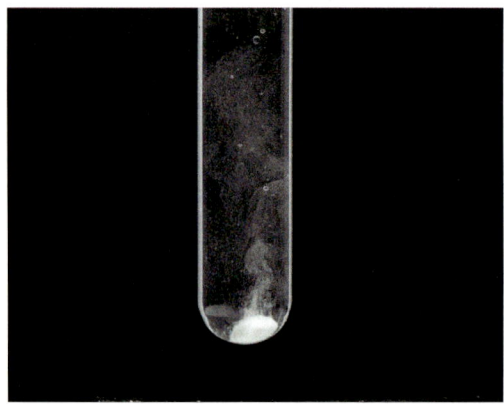

2 Kalkstein reagiert mit Entkalkern.

Gibst du Entkalker zu Calciumcarbonat, findet eine chemische Reaktion statt. Mit Universalindikator kannst du die Veränderung des pH-Werts erkennen. Während der Reaktion entsteht ein Gas.

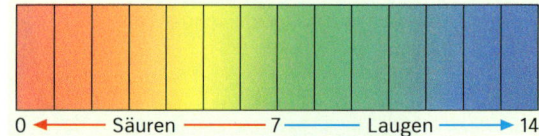

0 ◄──── Säuren ────► 7 ──── Laugen ──► 14

3 pH-Wert-Skala von Universalindikator

1 **a)** Beschreibe den Versuch in Bild 2.
b) Beschreibe einen Versuch, mit dem du das entstandene Gas nachweisen kannst.

2 **II** Universalindikatorpapier ist zu Beginn der Reaktion rot, am Ende des Versuchs gelb. Erkläre die Veränderung des pH-Werts im Verlauf der Reaktion.

3 **II** Recherchiere die Säuren, die in Entkalkern verwendet werden.

C Die Wirkung von sauren Lösungen

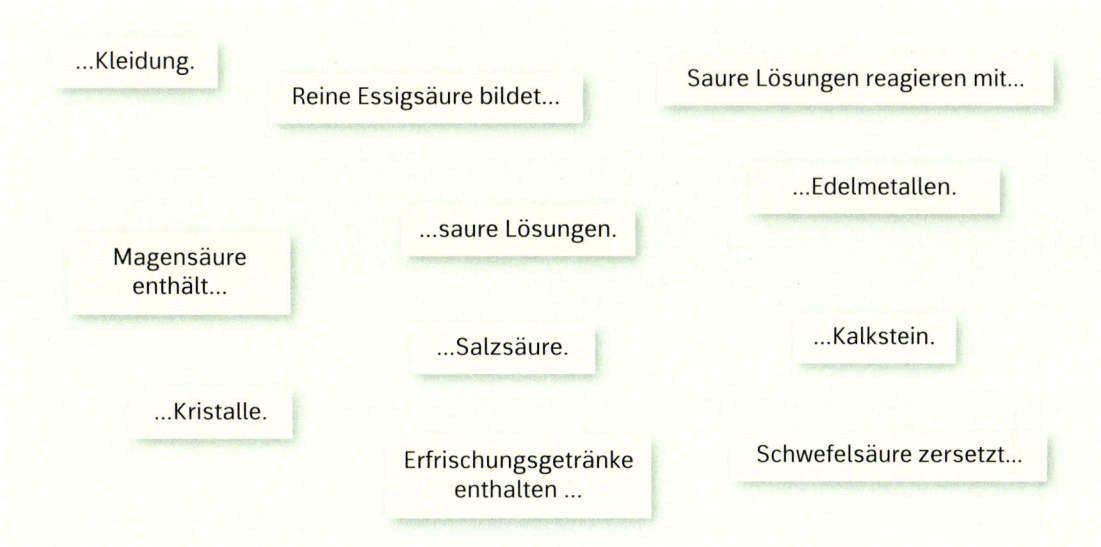

...Kleidung.

Reine Essigsäure bildet...

Saure Lösungen reagieren mit...

...Edelmetallen.

...saure Lösungen.

Magensäure enthält...

...Salzsäure.

...Kalkstein.

...Kristalle.

Erfrischungsgetränke enthalten ...

Schwefelsäure zersetzt...

4 Richtig zuordnen

❶ a) Erstelle passende Sätze. Ein Kärtchen bleibt übrig.
  b) Ergänze das übrig gebliebene Kärtchen zu einem ganzen Satz.

A Welche Stoffe entstehen, wenn Salzsäure reagiert?

Salzsäure zersetzt unedle Metalle. Auch Kalkstein wird von Salzsäure zersetzt. Dabei entstehen neue Stoffe.

Material: 3 Reagenzgläser, Reagenzglasgestell, verdünnte Salzsäure, Magnesiumband, Kupferspäne, Kalkstein, Schutzbrille

Durchführung:

Schritt 1: Befülle jedes Reagenzglas etwa 1 cm hoch mit verdünnter Salzsäure.

Schritt 2: Gib in das erste Reagenzglas ein Stück Magnesiumband, in das zweite ein paar Kupferspäne und in das dritte etwas Kalkstein.

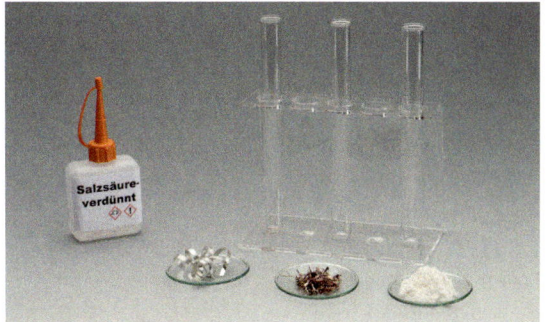

5 Stoffe reagieren mit Salzsäure.

❶ Erstelle ein Versuchsprotokoll.

❷ Stelle die drei Reaktionsgleichungen auf.

❸ ‖ Erläutere wie du bestimmen kannst, welche Gase dabei entstanden sind.

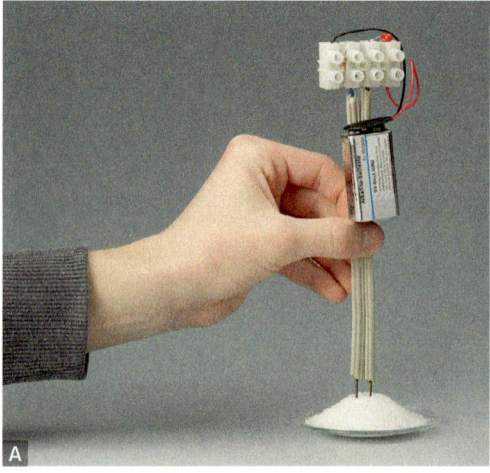
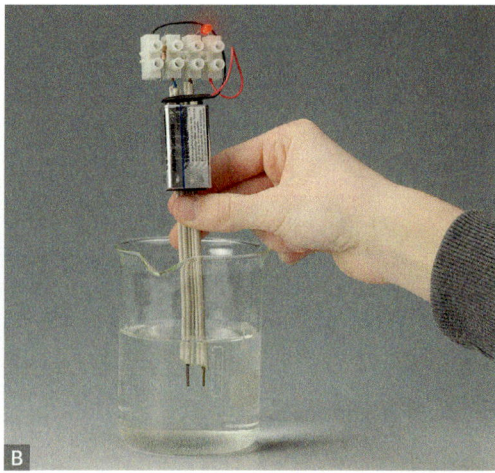

1 A Der Reinstoff Citronensäure leitet keinen elektrischen Strom.
B Citronensäure-Lösung leitet den elektrischen Strom.

Chemische Betrachtung von Säuren

Säuren und saure Lösungen

Säuren sind Reinstoffe. Sie leiten den elektrischen Strom nicht (→ Bild 1A). Saure Lösungen sind die wässrigen Lösungen von Säuren. Daher handelt es sich bei sauren Lösungen um Gemische. Saure Lösungen leiten elektrischen Strom (→ Bild 1B).

Lösungen von Säuren

Wird die Säure Chlorwasserstoff in Wasser gelöst, bilden sich Ionen. Dabei geht ein positiv geladenes Wasserstoff-Ion auf ein Wasser-Molekül über. Bei diesem Vorgang entstehen ein **Oxonium-Ion (H_3O^+)** und ein Chlorid-Ion (Cl^-). Die Reaktionsgleichung lautet:

$$HCl + H_2O \rightarrow H_3O^+ + Cl^-$$

Die Protonenübertragung

Das positiv geladene Wasserstoff-Ion ist aus chemischer Sicht ein Proton, weil es nur ein positiv geladenes Proton enthält. Deshalb handelt es sich beim Übergang eines Wasserstoff-Ions auf ein Wasser-Molekül um eine **Protonenübertragung**. Durch die Protonenübertragung entstehen beim Lösen einer Säure in Wasser Oxonium-Ionen und Säurerest-Ionen. In Bild 2 sind einige Säuren, saure Lösungen und Säurerest-Ionen aufgelistet. Allgemein lautet das Schema für die Reaktion von Säuren mit Wasser:

$$\text{Säure} + \text{Wasser} \rightarrow$$
$$\text{Oxonium-Ion} + \text{Säurerest-Ion}$$

Säure		Saure Lösung		
		Saure Lösung	Oxonium-Ion	Säurerest-Ion
Fluorwasserstoff	HF	Flusssäure	H_3O^+	Fluorid-Ion	F^-
Chlorwasserstoff	HCl	Salzsäure	H_3O^+	Chlorid-Ion	Cl^-
Bromwasserstoff	HBr	Bromwasserstoff-Lösung	H_3O^+	Bromid-Ion	Br^-
Iodwasserstoff	HI	Iodwasserstoff-Lösung	H_3O^+	Iodid-Ion	I^-
Salpetersäure	HNO_3	Salpetersäure-Lösung	H_3O^+	Nitrat-Ion	NO_3^-

2 Säuren und saure Lösungen

Die elektrische Leitfähigkeit

Säuren gibt es in allen Aggregatzuständen. Citronensäure ist fest, Schwefelsäure ist flüssig und Chlorwasserstoff ist gasförmig. Reine Säuren leiten den elektrischen Strom nicht. Wird aber zum Beispiel Citronensäure in Wasser gelöst, leitet die entstandene saure Lösung den elektrischen Strom (→ Bild 1B). Beim Lösen von Säuren in Wasser bilden sich positiv geladene Oxonium-Ionen und negativ geladene Säurerest-Ionen. Deshalb leiten saure Lösungen den elektrischen Strom.

Die Färbung von Indikatorpapier

Tauchst du Indikatorpapier in eine Säure ein, verändert sich die Farbe des Papiers nicht. Jedoch färbt eine saure Lösung das Indikatorpapier rot. Für die Verfärbung des Indikators und für die ätzende Wirkung von sauren Lösungen sind Oxonium-Ionen verantwortlich. Sie entstehen, wenn Säuren mit Wasser reagieren.

Die Hydratisierung der Ionen

Säuren benötigen einen Reaktionspartner, der Protonen aufnehmen kann. Bei der Reaktion von Chlorwasserstoff mit Wasser greift ein nichtbindendes Elektronenpaar des Wasser-Moleküls am Wasserstoff-Atom eines Chlorwasserstoff-Moleküls an (→ Bild 3A). Ein Proton geht auf ein Wasser-Molekül über und es entsteht ein Oxonium-Ion. Aus dem Chlor-Atom entsteht dadurch ein Chlorid-Ion. Die Oxonium-Ionen und Chlorid-Ionen werden von Wasser-Molekülen umgeben. Dieser Vorgang heißt **Hydratisierung** (→ Bild 3B).

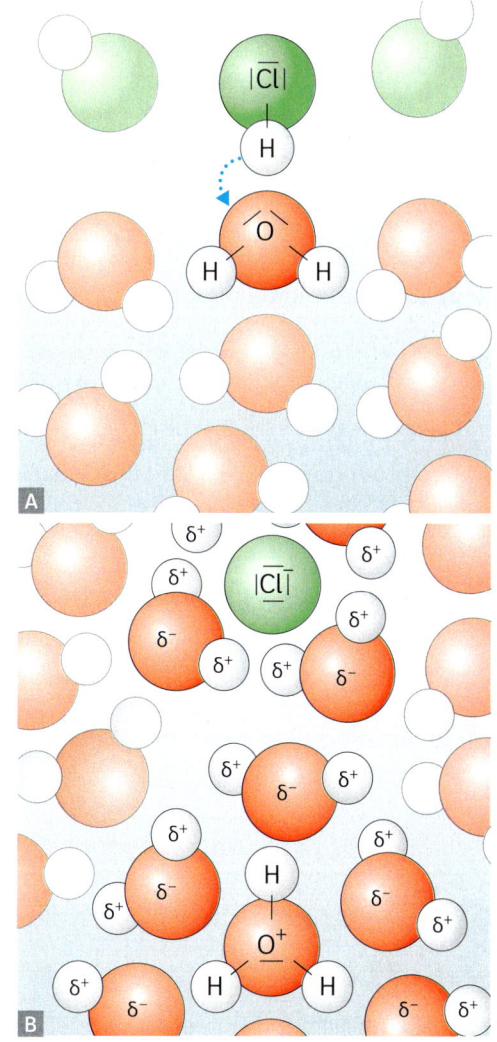

3 Chlorwasserstoff reagiert mit Wasser zu Salzsäure **A** Die Protonenübertragung, **B** Chlorid-Ionen und Oxonium-Ionen entstehen

> Saure Lösungen enthalten Oxonium- und Säurerest-Ionen. Daher leiten Säuren den elektrischen Strom. Die Oxonium-Ionen sind für die saure Indikatorreaktion verantwortlich.

① Nenne die Stoffteilchen, die in jeder sauren Lösung enthalten sind.

② Erkläre, dass feste Citronensäure elektrischen Strom nicht leitet.

③ ‖ Beschreibe die Entstehung der Oxonium-Ionen beim Lösen von Säure in Wasser.

④ ‖‖ Bromwasserstoff wird in Wasser gelöst. Zeichne die hydratisierten Ionen. Verwende dazu jeweils vier Wasser-Moleküle.

Starthilfe zu 4:
Betrachte Bild 3B.

A Sind die Aussagen richtig oder falsch?

1) Die Formel von Flusssäure ist HF.

2) Salzsäure enthält H_3O^+-Ionen und Cl^--Ionen.

3) Iodwasserstoff und Iodwasserstoff-Lösung sind das gleiche.

4) Salzsäure ist die Lösung von Chlorwasserstoff in Wasser.

5) Chlorwasserstoff leitet den elektrischen Strom.

6) Bei der Protonenübertragung wird ein Wasserstoff-Atom übertragen.

7) Die Säurerest-Ionen sind für die saure Indikatorreaktion verantwortlich.

8) Die Oxonium-Ionen sind für die saure Indikatorreaktion verantwortlich.

9) Alle sauren Lösungen enthalten Oxonium-Ionen.

10) Wasser-Moleküle hydratisieren die Oxonium-Ionen und die Säurerest-Ionen.

1 Richtig oder falsch?

1 Nenne die fünf richtigen Aussagen.

2 ‖ Verbessere die fünf falschen Aussagen. Schreibe sie richtig in dein Heft.

B Aufbau einer Messstrecke

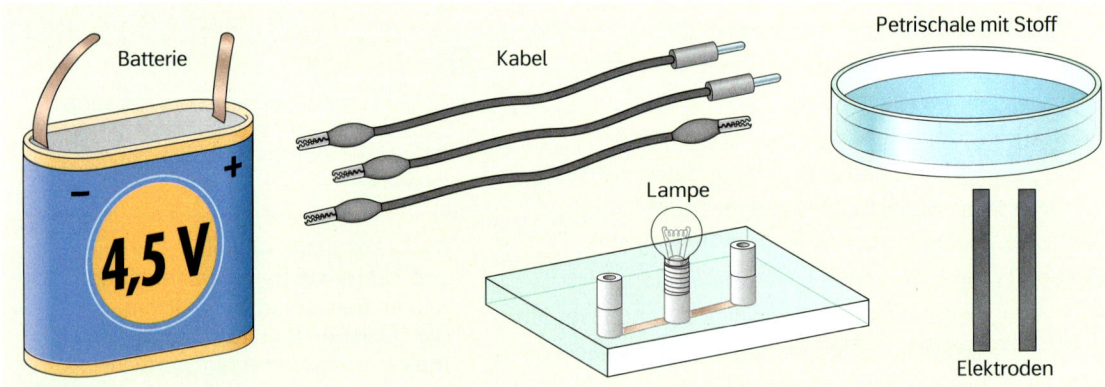

2 Bauteile, mit denen eine Messstrecke aufgebaut werden kann.

1 Verwende die in Bild 2 dargestellten Bauteile und zeichne damit eine Messstrecke, mit der du die elektrische Leitfähigkeit von Stoffen untersuchen kannst.

2 Beurteile, bei welchen nachfolgenden Stoffen das Lämpchen leuchtet: Citronensäure, Salzsäure, Chlorwasserstoff, Salpetersäure-Lösung, Iodwasserstoff

Ⓐ Wann leitet Citronensäure den elektrischen Strom?

Material: Leitfähigkeitsmesser, Becherglas, Uhrglas, Glasstab, Citronensäure, destilliertes Wasser

Durchführung:

Schritt 1: Fülle destilliertes Wasser in ein Becherglas und gib etwas Citronensäure auf ein Uhrglas.

Schritt 2: Miss in beiden Stoffen die elektrische Leitfähigkeit mit dem Leitfähigkeitsmesser.

Schritt 3: Gib die Citronensäure in das Becherglas und rühre die Lösung mit dem Glasstab um.

Schritt 4: Miss die elektrische Leitfähigkeit der Lösung erneut.

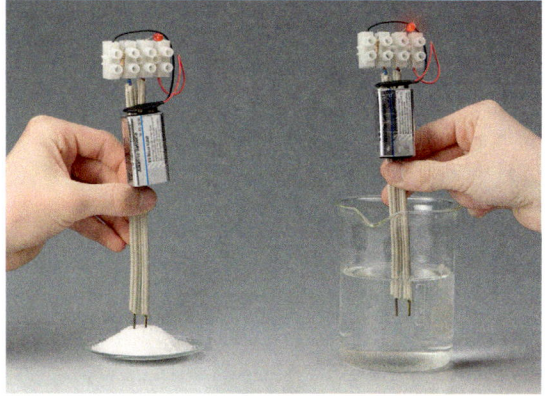

3 Untersuchung der Leitfähigkeit von Citronensäure

❶ Erstelle ein Versuchsprotokoll.

❷ ‖ Erkläre deine Beobachtungen.

Ⓑ Hat Essigsäure immer den gleichen pH-Wert?

Essigsäure kann mit Wasser verdünnt werden. Ändert sich dabei auch der pH-Wert?

Material: Uhrglas, Pinzette, Universalindikator-Papier, reine Essigsäure, destilliertes Wasser in einer Spritzflasche, Schutzbrille

Durchführung:

Schritt 1: Lass dir von deiner Lehrkraft drei Tropfen reine Essigsäure auf ein Uhrglas geben.

Schritt 2: Halte mit der Pinzette ein Stück Universalindikator-Papier in die Flüssigkeit.

Schritt 3: Halte das Universalindikator-Papier für wenige Minuten in die Luft.

Schritt 4: Gib ca. 10 Tropfen destilliertes Wasser zur reinen Essigsäure.

Schritt 5: Halte erneut mit der Pinzette ein Stück Universalindikator-Papier in die Flüssigkeit.

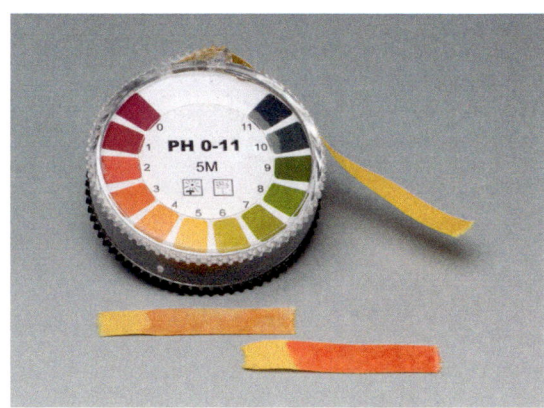

4 Universalindikator-Papier nach der Reaktion mit Essigsäure

❶ Erstelle ein Versuchsprotokoll.

❷ Erkläre die Bedeutung des Wassers für die stattfindenden Reaktionen:
a) nach Schritt 4.
b) ‖‖ nach Schritt 3.

1 Natrium reagiert heftig mit Wasser.

Alkalische Lösungen reagieren

Alkalimetalle sind besonders

Alkalimetalle reagieren heftig mit Wasser. Gibst du ein kleines Stück Natrium in eine Glasschale mit Wasser, bewegt sich das Natriumstückchen rasch unter Gasentwicklung über die Wasseroberfläche (→ Bild 1). Alkalimetalle wie Lithium oder Natrium sind so weich, dass sie sich mit einem Messer schneiden lassen. Sie reagieren leicht mit dem Sauerstoff der Luft (→ Bild 2). Sie werden deshalb in einer Flüssigkeit wie Paraffinöl oder Petroleum aufbewahrt. Dadurch kommen sie nicht in Kontakt mit dem Sauerstoff aus der Luft.

2 Lithium oxidiert leicht

Alkalische Lösungen

Alkalimetalle reagieren mit Wasser unter Bildung von Wasserstoff zu Hydroxiden. Die Reaktion ist stark exotherm. Es wird viel Energie frei. Werden Hydroxide in Wasser gelöst, entstehen alkalische Lösungen. Aus dem Alkalimetall Natrium und Wasser entsteht eine Natriumhydroxid-Lösung. Diese Lösung wird auch Natronlauge genannt:

$$2\ Na + 2\ H_2O \rightarrow \underbrace{2\ Na^+ + 2\ OH^-}_{\text{Natriumhydroxid-Lösung}} + H_2$$

Hydroxid-Ionen in Laugen

Alkalische Lösungen werden auch Laugen genannt. Alle Laugen enthalten Hydroxid-Ionen (OH^-). Je mehr Hydroxid-Ionen in einer alkalischen Lösung sind, desto höher ist der pH-Wert. In die Glasschale von Bild 2 wurden ein paar Tropfen Universalindikator gegeben. Wird ein Stück Natrium dazugegeben, bilden sich blaue Schlieren. Die bei der Reaktion entstehenden Hydroxid-Ionen werden durch den Universalindikator angezeigt.

Calciumhydroxid-Lösung

Branntkalk wird durch Brennen von Kalkstein gewonnen. Seine chemische Bezeichnung ist Calciumoxid (CaO). Calciumoxid reagiert mit Wasser zu einer wässrigen Calciumhydroxid-Lösung:

$$CaO + H_2O \rightarrow \underbrace{Ca^{2+} + 2\,OH^-}_{\text{Calciumhydroxid-Lösung}}$$

3 Kalkmörtel wird zum Bauen gebraucht.

Diese Lösung wird auch Kalkwasser genannt. Die enthaltenen Hydroxid-Ionen sind für die alkalische Wirkung verantwortlich. Festes Calciumhydroxid heißt Löschkalk und wird für die Herstellung von Kalkmörtel benötigt (→ Bild 3).

Ammoniak-Lösung

Wird gasförmiges Ammoniak (NH$_3$) in Wasser gelöst, entsteht Ammoniak-Lösung. Durch die Reaktion von Ammoniak mit Wasser liegen auch in dieser Lösung Hydroxid-Ionen vor, die von einem geeigneten Indikator nachgewiesen werden können (→ Bild 4).

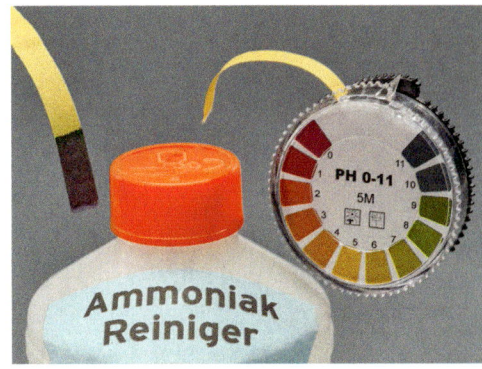

4 Ammoniak-Lösung reagiert alkalisch.

$$NH_3 + H_2O \rightarrow \underbrace{NH_4^+ + OH^-}_{\text{Ammoniak-Lösung}}$$

Rohrreiniger bilden Laugen

Rohrreiniger enthalten alkalische Stoffe, wie zum Beispiel Natriumhydroxid (→ Bild 5). Zusammen mit Wasser bildet sich in einer exothermen Reaktion starke Lauge. Durch die ätzende Wirkung können Rohrverstopfungen aufgelöst werden.

5 Etikett eines Rohrreinigers

> Alkalische Lösungen werden auch Laugen genannt. Alle Laugen enthalten Hydroxid-Ionen.

1 Nenne die Stoffteilchen, die in jeder alkalischen Lösung enthalten sind.

2 Nenne eine Anwendungsmöglichkeit von Löschkalk.

3 Formuliere die Reaktionsgleichung zur Bildung von:
a) Natronlauge
b) Kalilauge (KOH)

Starthilfe zu 1:
Kalilauge ist eine Kaliumhydroxid-Lösung.

A Finde die Fehler

Die Reaktionsgleichungen in Bild 1 aus einer Klassenarbeit sind fehlerhaft.

1) **Schreibe vier Reaktionsgleichungen zur Entstehung von alkalischen Lösungen auf.**

1) $NH_3 + H_2O \rightarrow NH_4 + OH$ f
2) $2\ Na + 2\ H_2O \rightarrow 2\ Na^+ + 2\ OH^-$ f
3) $CaO + H_2O \rightarrow Ca^+ + OH^-$ f
4) $K + H_2O \rightarrow 2\ K^+ + 2\ OH^- + H_2$ f

1 Aufgabe aus einer Klassenarbeit

① Finde die Fehler und schreibe die jeweils richtige Reaktionsgleichung in dein Heft.

② Nenne die Wortgleichungen zu den korrigierten Reaktionsgleichungen.

A Wie funktioniert Rohrreiniger?

Material: Reagenzglas, Universalindikatorpapier, Thermometer, Haare, Rohrreiniger, Natriumhydroxid-Plätzchen, Wasser, Schutzbrille

Durchführung: Reagenzglas + Rohrreiniger
Schritt 1: Gib etwa 2 cm hoch Wasser in ein Reagenzglas.
Schritt 2: Löse etwas Rohrreiniger im Wasser auf.
Schritt 3: Miss die Temperatur und den pH-Wert.

Durchführung: Becherglas + Natriumhydroxid
Schritt 3: Gib ein paar Natriumhydroxid-Plätzchen in ein Becherglas und füge etwas Wasser hinzu.
Schritt 4: Miss die Temperatur und den pH-Wert.
Schritt 5: Gib in beide Gefäße ein paar Haare und stelle sie über Nacht beiseite.

① Erstelle ein Versuchsprotokoll.

② Vergleiche die Reaktionen in den zwei Gefäßen.

③ Beschreibe die Rolle des Natriumhydroxids als Inhaltsstoff eines Rohrreinigers.

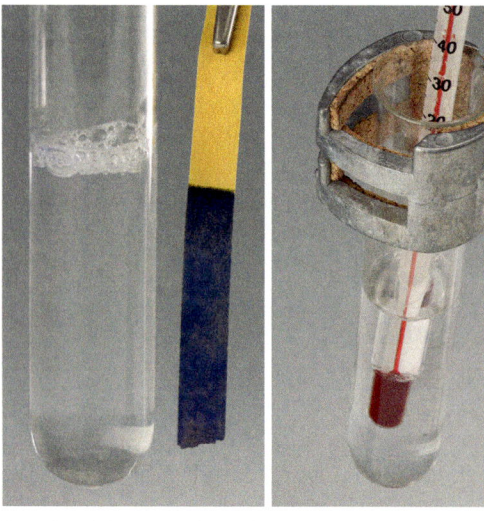

2 Rohrreiniger reagiert mit Wasser.

 METHODE

Eine Mindmap erstellen

Was ist eine Mindmap?

Eine Mindmap kann dir helfen, einen Überblick über ein Thema zu bekommen oder einen umfangreichen Text bildlich darzustellen. Das Hauptthema der Mindmap steht dabei im Zentrum. Von diesem führen Linien zu Unterthemen. Das Erstellen einer Mindmap kann dir beim Lernen helfen, weil du dich intensiv mit dem Thema beschäftigst.

Schritt 1: Lege deine Heftseite quer. Schreibe das Thema in die Mitte des Blattes und kreise es farbig ein.

Schritt 2: Zeichne vom Thema ausgehend Linien für Gliederungspunkte. Die Linien können verschiedene Farben haben.

Schritt 3: Schreibe an jede Linie mit ein oder zwei Worten, was dir zu den einzelnen Gliederungspunkten einfällt.

Schritt 4: An jede Linie kannst du jetzt weitere Abzweigungen zeichnen. Schreibe an jede Abzweigung Ideen, die dir zu den Begriffen auf den Linien einfallen.

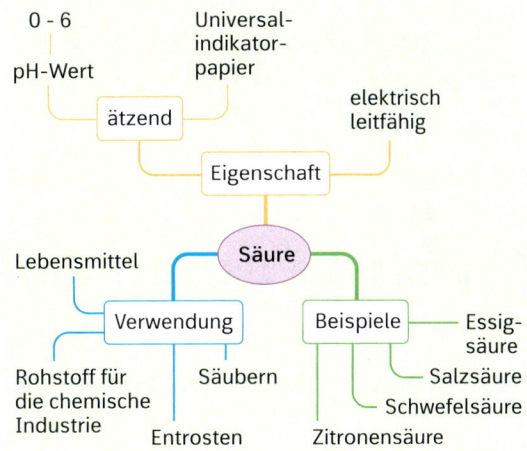

3 Mindmap zum Thema Säuren

Erstelle eine Mindmap

Aus einem Schülerreferat zum Thema Seife:

Seife

Seifen bilden mit Wasser alkalische Lösungen. Wir verwenden Seifen heutzutage hauptsächlich zum Waschen und Reinigen. Die Geschichte von Seife geht weit zurück. Bereits 4500 v. Chr. setzten die Sumerer sie als Heilmittel ein. Hochwertige Seifen werden Feinseifen genannt. Die Badekultur der Römer machte sie sehr populär. Seifen werden auch zum Desinfizieren verwendet. Seifen können Hautschutzmittel zugesetzt sein. Bei der Herstellung von Seifen werden Fette und Laugen benötigt. Im Mittelalter hatten Seifen einen äußerst schlechten Ruf, da sie als Verursacher von Krankheiten galten. Seifen werden durch Seifensieden hergestellt. Sehr bekannt ist die Kernseife und die Schmierseife. Je nach Bedarf enthalten moderne Seifen Zusätze wie Duft- und Farbstoffe.

1 Lies den Text „Seife" und ordne die Textaussagen den Unterthemen Geschichte, Arten, Zusätze, Verwendung und Herstellung zu.

2 Zeichne die Mindmap in dein Heft und ergänze sie mit passenden Aussagen aus dem Text.

Digital+
Film

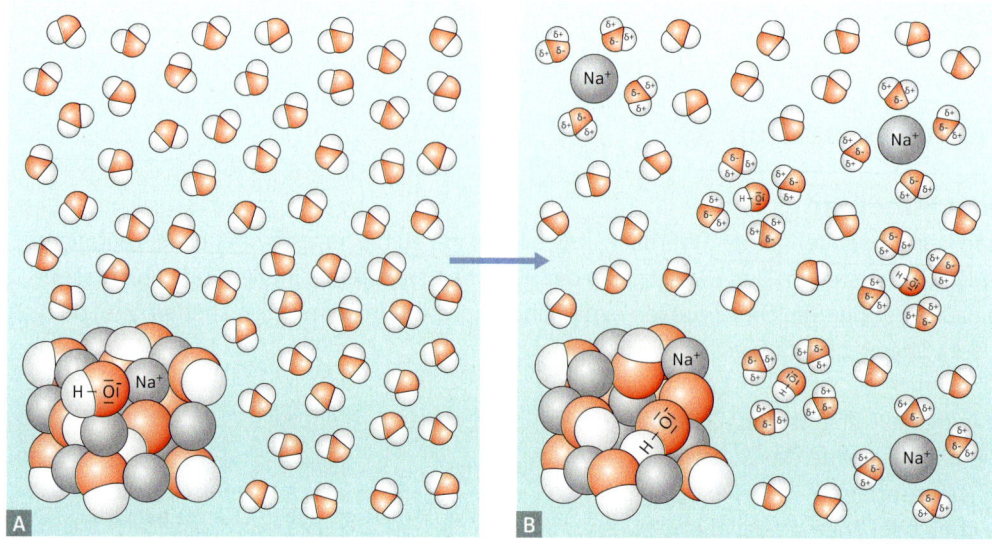

1 Die Bildung von Natronlauge im Modell

Chemische Betrachtung von Basen

Das Lösen von Metallhydroxiden

Durch das Lösen von Metallhydroxiden in Wasser entstehen alkalische Lösungen. Alkalische Lösungen werden auch Laugen genannt. Die Lösungen enthalten Metall-Ionen und Hydroxid-Ionen. Das Lösen von Natriumhydroxid in Wasser kann folgendermaßen als Reaktionsgleichung geschrieben werden:

$$NaOH \xrightarrow[\text{gelöst}]{\text{in Wasser}} Na^+ + OH^-$$

In der Tabelle in Bild 2 siehst du weitere Metallhydroxide und die alkalischen Lösungen, die bei der Reaktion mit Wasser entstehen.

Die Bildung einer Lauge

Natriumhydroxid besteht aus positiv geladenen Natrium-Ionen und negativ geladenen Hydroxid-Ionen. Die Ionen bilden ein Ionengitter (→ Bild 1A). Wird Natriumhydroxid in Wasser gegeben, lösen die Wasser-Moleküle das Ionengitter auf. In der Lösung befinden sich nun frei bewegliche Natrium-Ionen und Hydroxid-Ionen. Diese Ionen werden von Wasser-Molekülen umlagert und somit hydratisiert (→ Bild 1B). Allgemein kann für die Bildung einer Lauge aus einem Metallhydroxid folgendes Schema geschrieben werden.

$$\text{Metallhydroxid} \xrightarrow[\text{gelöst}]{\text{in Wasser}}$$
$$\text{Metall-Ion} + \text{Hydroxid-Ion}$$

Metallhydroxid		Alkalische Lösung	Metall-Ion	Hydroxid-Ion
Lithiumhydroxid	LiOH	Lithiumhydroxid-Lösung	Li^+	OH^-
Natriumhydroxid	NaOH	Natriumhydroxid-Lösung	Na^+	OH^-
Kaliumhydroxid	KOH	Kaliumhydroxid-Lösung	K^+	OH^-
Calciumhydroxid	$Ca(OH)_2$	Calciumhydroxid-Lösung	Ca^{2+}	$2\,OH^-$

2 Metallhydroxide und ihre zugehörigen Laugen

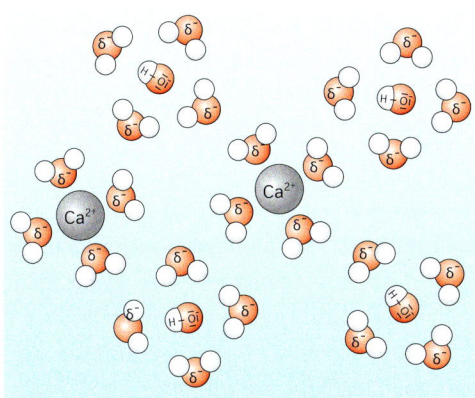

3 In Wasser gelöstes Calciumhydroxid

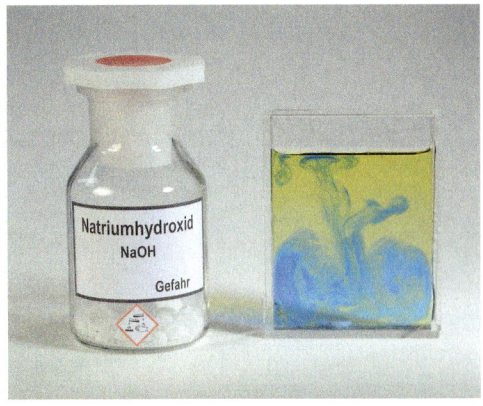

4 Natriumhydroxid farbt Universalindikator blau.

Weitere Metallhydroxide

Wird Calciumhydroxid in Wasser gelöst, bilden sich Calcium-Ionen und Hydroxid-Ionen.

$$Ca(OH)_2 \xrightarrow[\text{gelöst}]{\text{in Wasser}} Ca^{2+} + 2\ OH^-$$

Dabei entstehen doppelt so viele Hydroxid-Ionen wie Calcium-Ionen (→ Bild 3). Die chemisch ausführliche Bezeichnung für dieses Metallhydroxid lautet daher Calciumdihydroxid. Meist wird aber die vereinfachte Bezeichnung Calciumhydroxid verwendet. Die Formel $Ca(OH)_2$ verdeutlicht das Mengenverhältnis 1:2 von Calcium-Ionen zu Hydroxid-Ionen. Aluminiumhydroxid enthält dreimal so viele Hydroxid-Ionen wie Aluminium-Ionen. Seine ausführliche Bezeichnung ist daher auch die Aluminiumtrihydroxid.

Die elektrische Leitfähigkeit

Die Metallhydroxide gehören zur Stoffgruppe der Salze. Ihre Ionen sind an feste Stellen gebunden. Sie bewegen sich nicht. Daher leitet ein Metallhydroxid wie zum Beispiel festes Aluminiumhydroxid keinen elektrischen Strom. Erst in Wasser gelöst sind die Ionen frei beweglich und können elektrische Ladungen transportieren. Somit leiten sie den elektrischen Strom leiten.

Die Färbung von Indikatoren

Alle Laugen enthalten Hydroxid-Ionen. Die Hydroxid-Ionen sind für die alkalische Wirkung von Laugen verantwortlich. Universalindikator färbt sich blau, wenn es mit Lauge in Berührung kommt (→ Bild 4).

> Alkalische Lösungen werden auch Laugen genannt. Alle Laugen enthalten Hydroxid-Ionen.

---

1. Beschreibe den Lösevorgang von Kaliumhydroxid in Wasser.

2. Erkläre den Unterschied von Natriumhydroxid und einer Natriumhydroxid-Lösung anhand chemischer Eigenschaften.

3. ‖ Beschreibe, weshalb es sich bei Aluminiumhydroxid und Aluminiumtrihydroxid um den selben Stoff handelt.

4. ‖ Begründe die elektrische Leitfähigkeit von festem Natriumhydroxid und in Wasser gelöstem Natriumhydroxid.

5. ‖ Notiere die Reaktionsgleichung für den Lösevorgang von Aluminiumtrihydroxid in Wasser.

Starthilfe zu 3:
Aluminiumtrihydroxid enthält drei Hydroxid-Ionen.

A Ammoniak und Ammoniak-Lösung

1 Ammoniak ist gut wasserlöslich, entfernt Schmutz und wird als „Salmiakgeist" im Haushalt verwendet.

Ammoniak ist eine Base und bildet beim Lösen in Wasser eine alkalische Ammoniak-Lösung. Bei diesem Vorgang entstehen Ammonium-Ionen (NH_4^+) und Hydroxid-Ionen (OH^-), da Wasserstoff-Ionen (H^+) aus dem Wasser auf die Ammoniak-Moleküle übergehen.
Die Reaktionsgleichung lautet:

$$NH_3 + H_2O \rightarrow NH_4^+ + OH^-$$

1 Nenne eine Möglichkeit, mit der du nachweisen kannst, dass Ammoniak-Lösung alkalisch ist.

2 ‖ Erläutere, dass beim Lösen von Ammoniak in Wasser eine Protonenübertragung stattfindet.

A Wie lässt sich Ammoniak nachweisen?

Öffnest du eine Flasche mit Ammoniak-Lösung, entweicht ein Gas. Zusammen mit Chlorwasserstoff bildet sich stechend riechendes Ammoniumchlorid.

Material: Universalindikator-Papier, Wattestäbchen, 10%ige Salzsäure, 10%ige Ammoniak-Lösung, entmineralisiertes Wasser, Schutzbrille

2 Ammoniaknachweis

Durchführung:

Schritt 1: Öffne eine Flasche mit Ammoniak-Lösung und halte einen trockenen Streifen Universalindikator-Papier über die Öffnung.

Schritt 2: Wiederhole Schritt 1 mit einem feuchten Streifen Universalindikator-Papier.

1 Erstelle ein Versuchsprotokoll.

2 Begründe, dass das Universalindikator-Papier angefeuchtet sein muss.

Schritt 3: Befeuchte ein Wattestäbchen mit Salzsäure und halte es über eine geöffnete Flasche mit Ammoniak-Lösung (→ Bild 2).

3 ‖ Formuliere die Reaktionsgleichung für Schritt 3.

Das HABER-BOSCH-Verfahren

Bedeutung der Erfindung

Das HABER-BOSCH-Verfahren ist eine Methode zur Herstellung von Ammoniak aus den Elementen Stickstoff und Wasserstoff. Das Verfahren wurde von den deutschen Chemikern FRITZ HABER und CARL BOSCH Anfang des 20. Jahrhunderts entwickelt.

3 Kunstdünger wird auf ein Feld aufgebracht.

Ammoniak ist ein wichtiger Bestandteil von Düngemitteln in der Landwirtschaft. Durch das HABER-BOSCH-Verfahren war es möglich, große Mengen Ammoniak zu produzieren. Dadurch konnten Ernteerträge gsteigert werden. Ammoniak wird auch für die Herstellung von Sprengstoffen und anderen Chemikalien benötigt. Ohne das HABER-BOSCH-Verfahren sähe die Welt heute anders aus. Die Erfindung hat dazu beigetragen, Milliarden von Menschen zu ernähren und die Industrialisierung voranzutreiben. Sie ist eine der wichtigsten Erfindungen der Neuzeit.

Rohstoffe und Verfahren bei der Herstellung von Ammoniak

Die Rohstoffe für die Ammoniakherstellung stehen fast unbegrenzt zur Verfügung. Der Stickstoff kommt aus der Luft. Der Wasserstoff wird aus Erdgas gewonnen. Das HABER-BOSCH-Verfahren läuft bei hohem Druck und hohen Temperaturen ab. Es wird viel Energie für die Reaktion benötigt. Deshalb wird ein Katalysator genutzt. Er bewirkt, dass die Aktivierungsenergie der Reaktion gesenkt wird. Wasserstoff und Stickstoff werden über eine Katalysator aus Eisenoxid geleitet. Der Katalysator sorgt dafür, dass bei einer Temperatur von 500 °C und einem Druck von über 300 bar genügend Ammoniak entsteht. Ohne einen Katalysator wäre die benötigte Aktivierungsenergie zu hoch und die Herstellung von Ammoniak somit zu energieintensiv und nicht wirtschaftlich.

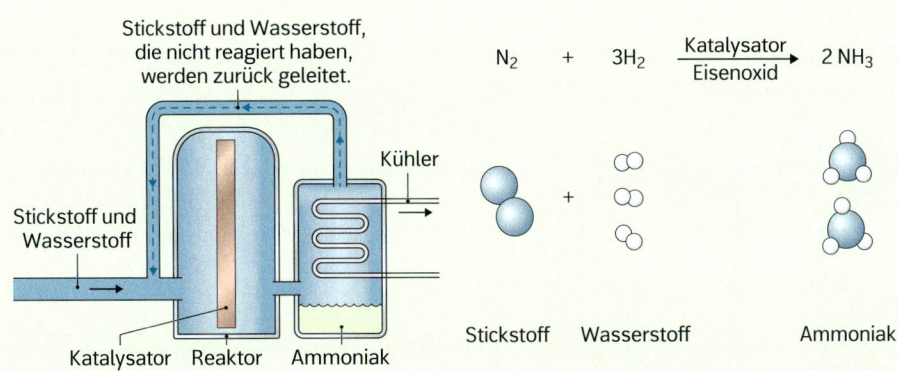

4 Schema zur Herstellung von Ammoniak

1 Erkläre die Bedeutung des HABER-BOSCH-Verfahrens auf die Entwicklung der Weltbevölkerung.

2 ‖ Nenne die drei Bedingungen für die Herstellung von Ammoniak im HABER-BOSCH-Verfahren.

3 ‖ Beschreibe den Einfluss des Katalysators auf die Herstellung von Ammoniak.

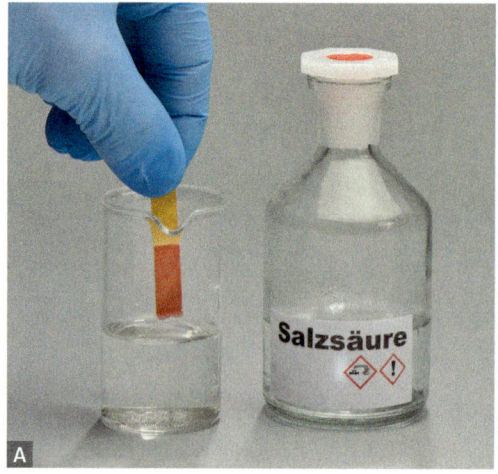 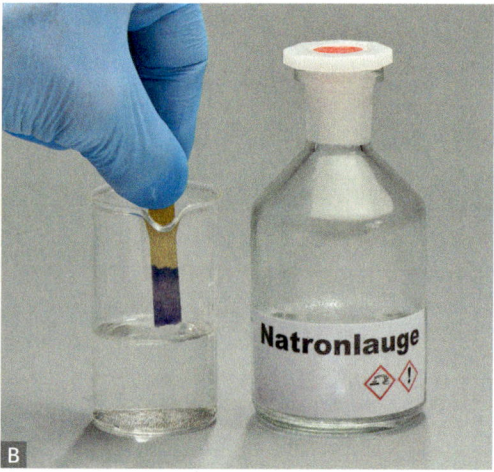

1 Die bekanntesten sauren und alkalischen Lösungen: **A** Salzsäure, **B** Natronlauge

Säuren und Basen im Überblick

Säuren und Basen

Saure und alkalische Lösungen sind seit vielen Jahrhunderten bekannt. Lange gab es aber keine einheitliche Vorstellung darüber, was die Stoffe eigentlich sind. Forscher versuchten im Lauf der Zeit eine allgemein gültige Erklärung zu entwickeln. Der Begriff Säure wurde dabei beibehalten, aber durch neue Erkenntnisse dem Wissensstand angepasst. Für den Gegenpart zur Säure und saurer Lösung gab es dagegen verschiedene Namen. Es werden hierfür die Begriffe Base, Lauge und alkalische Lösung verwendet.

Historische Entwicklung des Säure-Base-Begriffs

In den ersten Erklärungsversuchen galten bestimmte Sauerstoff-Verbindungen als Säuren. Eine weitere Theorie besagte, dass Säuren Wasserstoff-Verbindungen sind. Für JUSTUS VON LIEBIG (1803 – 1873) waren Säuren Verbindungen aus Wasserstoff und einem Säurerest.

Der moderne Säure-Base-Begriff

Der schwedische Chemiker SVANTE ARRHENIUS (1859 – 1927, → Bild 2A) beschrieb Säuren als Wasserstoff-Verbindungen, die in wässriger Lösung in positiv geladene Wasserstoff-Ionen und in negativ geladene Säurerest-Ionen zerfallen. Basen bilden in wässriger Lösung negativ geladene Hydroxid-Ionen und positiv geladene Metall-Ionen.
Der Däne JOHANNES BRÖNSTED (1879 – 1947, → Bild 2B) erweiterte diesen Säure-Base-Begriff. Seine Theorie bezieht sich nicht länger auf das Verhalten der Stoffe in Wasser. Nach seiner Theorie geben Säuren H^+-Ionen, also Protonen ab und Basen nehmen diese Protonen auf. Säure und Base sind damit Partner.

2 A SVANTE ARRHENIUS, **B** JOHANNES BRÖNSTED

Säure	Formel	Saure Lösung	Ionen in Lösung
Kohlensäure	H_2CO_3	kohlensaure Lösung	H_3O^+, HCO_3^-, CO_3^{2-}
Chlorwasserstoff	HCl	Salzsäure	H_3O^+, Cl^-
Schwefelsäure	H_2SO_4	verdünnte Schwefelsäure	H_3O^+, HSO_4^-, SO_4^{2-}

Base	Formel	Alkalische Lösung	Ionen in Lösung
Natriumhydroxid	NaOH	Natronlauge	Na^+, OH^-
Calciumhydroxid	$Ca(OH)_2$	Kalkwasser	Ca^{2+}, $2\,OH^-$
Ammoniak	NH_3	Ammoniakwasser	NH_4^+, OH^-

3 Einige Säuren und Basen im Überblick

Saure Lösungen

Salzsäure und kohlensaure Lösung sind Beispiele für saure Lösungen (→ Bild 3). Saure Lösungen enthalten Oxonium-Ionen (→ Bild 4A) und färben Universalindikator-Papier rot. Die Oxonium-Ionen sind für die ätzende Wirkung verantwortlich. Zusammen mit den Säurerest-Ionen sind die Oxonium-Ionen für die elektrische Leitfähigkeit der Lösung verantwortlich. Die Reinstoffe von sauren Lösungen werden Säuren genannt. Saure Lösungen sind in Wasser gelöste Säuren.

Alkalische Lösungen

Natronlauge und Ammoniak-Lösung gehören zu den alkalischen Lösungen (→ Bild 3). Sie werden auch Laugen genannt. Alkalische Lösungen färben Universalindikator-Papier blau (→ Bild 1B). Sie enthalten Hydroxid-Ionen (→ Bild 4B). Diese sind für die ätzende Wirkung der alkalischen Lösung verantwortlich. Die frei beweglichen Ionen einer alkalischen Lösung sorgen für die elektrische Leitfähigkeit. Alkalische Lösungen sind in Wasser gelöst Basen.

> Säuren bilden mit Wasser Oxonium-Ionen, die für die saure Wirkung der Lösung verantwortlich sind. Basen bilden mit Wasser Hydroxid-Ionen, die für die alkalische Wirkung der Lösung sorgen.

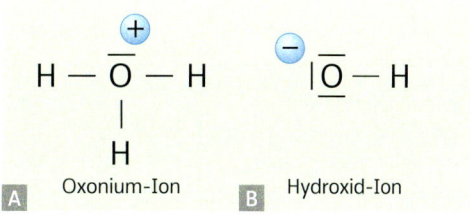

A Oxonium-Ion B Hydroxid-Ion

4 Ein Oxonium-Ion und ein Hydroxid-Ion

1 Formuliere die Reaktionsgleichungen für diese Reaktionen:
a) Bildung von Salzsäure aus Chlorwasserstoff
b) Bildung von Natronlauge aus Natriumhydroxid
c) Lösen von Ammoniak in Wasser

2 ‖ **a)** Nenne zwei Säuren und zwei Basen.
‖ **b)** Nenne zu jeweils zwei Säuren und zwei Basen die passenden sauren und alkalischen Lösungen.

Starthilfe zu 2:
Verwende die Tabelle in Bild 3.

3 ‖ Beschreibe die Unterschiede der Theorien von ARRHENIUS und BRÖNSTED.

A Vervollständige die Aussagen

... rot.

Basen bilden mit Wasser ...

... blau.

... elektrische Leitfähigkeit.

... Hydroxid-Ionen.

Säuren bilden mit Wasser ...

Alkalische Lösungen färben Universalindikator-Papier ...

Saure Lösungen färben Universalindikator-Papier ...

... Oxonium-Ionen.

1 Aussagen zu Säuren und Basen

1 Erstelle passende Sätze aus den Satzteilen in Bild 1.

Starthilfe zu 1:
Ein Kästchen in Bild 1 bleibt übrig.

B Ein Begriff passt nicht

A	B	C	D
Lithiumhydroxid-Lösung	Chlorwasserstoff	Natronlauge	H_2CO_3
Kalkwasser	Salzsäure	Natriumhydroxid	NH_3
Ammoniak-Lösung	Salpetersäure	NaOH	H_2SO_4
Kaliumhydroxid	Kohlensäure	$Na^+ + OH^-$	HNO_3
Natronlauge	Schwefelsäure	Rotfärbung von Universalindikator-Papier	HBr

2 In jeder Spalte befindet sich ein falscher Begriff.

1 a) Finde in jeder Spalte den Begriff, der nicht passt und begründe deine Entscheidung.

2 Ergänze in jeder Spalte einen weiteren passenden Begriff.

3 Ergänze jede Spalte mit einer passenden Überschrift.

ⓒ Aussagen den Begriffen passend zuordnen

1. Eine Säure gibt Protonen ab. Eine Base nimmt Protonen auf.	A. Basen
2. Von ihnen wurde die Ammoniak-Synthese entwickelt.	B. LIEBIG
3. Sie sind Ausgangsstoffe für saure Lösungen	C. Oxonium-Ionen
4. Säuren bilden diese Ionen in Wasser.	D. ARRHENIUS
5. Basen bilden in wässriger Lösung Hydroxid-Ionen und Metall-Ionen.	E. Hydroxid-Ionen
6. Sie sind Ausgangsstoffe für alkalische Lösungen	F. Säuren
7. Säuren sind Verbindungen aus Wasserstoff und einem Säurerest.	G. HABER und BOSCH
8. Basen bilden diese Ionen in Wasser.	H. BRÖNSTED

3 Links stehen Aussagen, rechts stehen Begriffe.

❶ Ordne jeder Aussage in der linken Spalte den passenden Begriff aus der rechten Spalte zu.

ⓓ Nicht alles ist ätzend

4 Säuren und Basen im Alltag

❶ Nenne saure und alkalische Lösungen in Bild 4 und ordne sie in einer Tabelle.

❷ Erkläre, dass Säuren und Basen in Lebensmitteln nicht gefährlich sind.

Digital+
Film

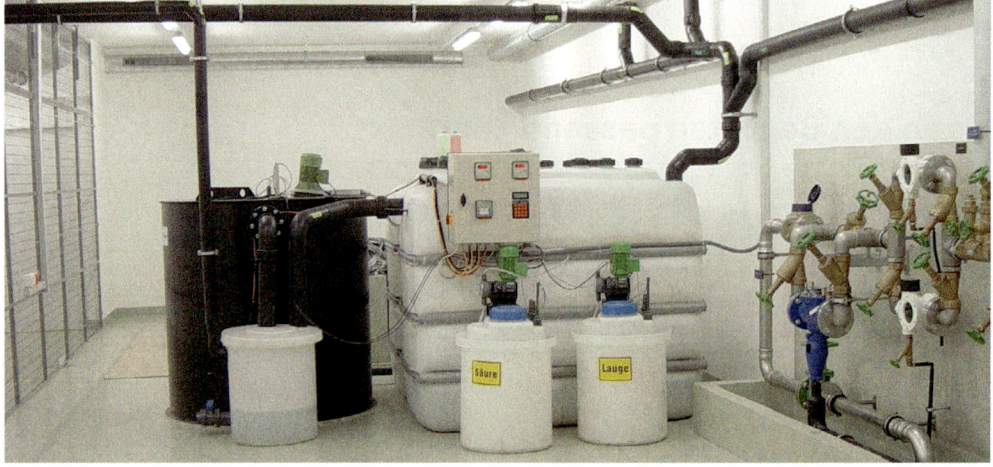

1 Der Aufbau einer Neutralisationsanlage für saures und alkalisches Abwasser

Neutrale Lösungen

Der pH-Wert von Abwässern

Abwasser aus Industriebetrieben sind durch Chemikalien oft stark sauer oder alkalisch. Um damit die Umwelt nicht zu belasten, müssen sie vor der Einleitung in die Kanalisation neutralisiert werden. Dazu wird der pH-Wert gemessen. Bei zu saurem Abwasser wird alkalische Lösung hinzugegeben und bei zu alkalischem Abwasser wird saure Lösung zugegeben (→ Bild 1). Liegt der pH-Wert zwischen 6,5 und 9, kann das Abwasser in die Kanalisation.

Die Bildung neutraler Lösungen

Vermischst du passende Mengen einer sauren und einer alkalischen Lösung, entsteht eine neutrale Lösung. Dieser Vorgang wird **Neutralisation** genannt. Für die Neutralisation von Natronlauge und Salzsäure gilt folgende Reaktionsgleichung:

$$NaOH + HCl \rightarrow H_2O + NaCl$$

Neben Wasser bildet sich bei einer Neutralisation auch immer ein Salz. Bei der Neutralisation von Natronlauge mit Salzsäure entsteht somit eine Natriumchlorid-Lösung.

Vorgänge bei der Neutralisation

Saure und alkalische Lösungen enthalten Ionen. Salzsäure enthält Oxonium-Ionen und Chlorid-Ionen. Ein Universalindikator färbt diese Lösung rot. In Natronlauge befinden sich Hydroxid-Ionen und Natrium-Ionen. Universalindikator färbt diese Lösung blau.

Werden Salzsäure und Natronlauge in passenden Mengen vermischt, entsteht ein Gemisch, das weder sauer noch alkalisch reagiert. Es ist eine neutrale Lösung entstanden. Der Universalindikator zeigt das durch Grünfärbung an.

Die Bildung von Wasser und Salz

Die neutrale Lösung aus Salzsäure und Natronlauge enthält die gleiche Anzahl an positiv geladenen Oxonium-Ionen und negativ geladenen Hydroxid-Ionen. Sie reagieren zusammen zu Wasser-Molekülen. Die Lösung ist deshalb weder sauer noch alkalisch. Daneben befinden sich in der Lösung gleich viele Natrium-Ionen und Chlorid-Ionen. Dampfst du die neutrale Lösung ein, setzen sich die Natrium-Ionen und Chlorid-Ionen zu Natriumchlorid-Kristallen zusammen.

Die Neutralisationsreaktion

Die ätzende Natronlauge und die ätzende Salzsäure wurden zu einer neutralen Natriumchlorid-Lösung. Die zugehörige Reaktionsgleichung lautet:

$$Na^+ + OH^- + H_3O^+ + Cl^- \rightarrow$$
$$Na^+ + Cl^- + 2\,H_2O + E$$

Die Natrium-Ionen (Na^+) und die Chlorid-Ionen (Cl^-) verändern sich bei dieser chemischen Reaktion nicht. Da sie bei der eigentlichen chemischen Reaktion unbeteiligt sind, können die Natrium-Ionen und Chlorid-Ionen aus der Reaktionsgleichung gekürzt werden. Damit kann die Reaktionsgleichung vereinfacht dargestellt werden:

$$OH^- + H_3O^+ \rightarrow 2\,H_2O + E$$

Energie wird frei

Zu Salzsäure wird Natronlauge gegeben, um sie zu neutralisieren. In Bild 3 siehst du, dass dabei die Temperatur steigt. Wenn Oxonium-Ionen und die Hydroxid-Ionen zu Wasser-Molekülen reagieren, erwärmt sich die Lösung. Es wird Energie frei. Während der Reaktion steigt die Temperatur immer weiter an. Sobald alle Oxonium- und Hydroxid-Ionen miteinander reagiert haben, ist die Lösung neutral und die Temperatur sinkt wieder. Bei der Neutralisationreaktion handelt es sich um eine exotherme Reaktion.

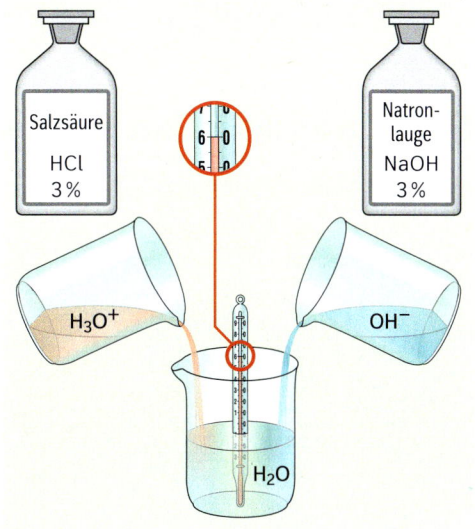

2 Neutralisation von Salzsäure und Natronlauge

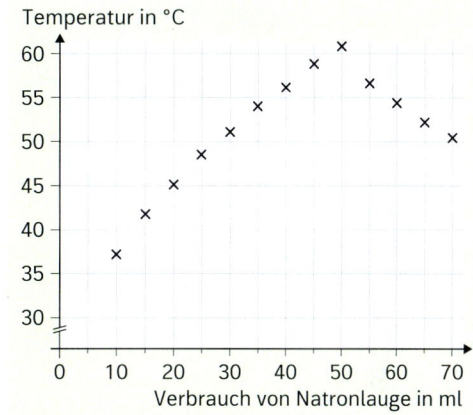

3 Temperaturverlauf einer Neutralisation von Salzsäure mit Natronlauge

> Bei der Neutralisation einer sauren und einer alkalischen Lösung entstehen Wasser und Salz.

1 **a)** Beschreibe mithilfe von Bild 2 die Neutralisation.
b) Notiere die allgemeine Wortgleichung einer Neutralisationsreaktion.
c) Nenne den Stoff, der übrig bleibt, wenn du die neutrale Lösung in Bild 2 eindampfst.

2 Formuliere die Reaktionsgleichung für folgende Reaktionen:
I **a)** Kalilauge reagiert mit Salzsäure.
II **b)** Natronlauge reagiert mit Salpetersäure.

Starthilfe zu 2:
Kalilauge = KOH;
Salpetersäure = HNO_3
Salze der Salpetersäure enden mit -nitrat.

3 **II** Gib das Volumen der Natronlauge an, die zur Neutralisation der Salzsäure in Bild 3 benötigt wird.

A Neutralisation auf Stoffteilchenebene

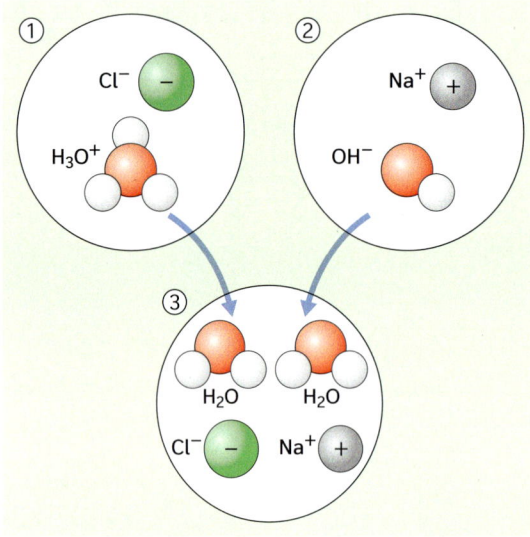

1 Auf der Stoffteilchenebene

Bei einer Neutralisation von Salzsäure und Natronlauge reagieren die Stoffteilchen miteinander. Das kannst du in Bild 1 erkennen.

1 Beschreibe die Neutralisation auf der Stoffteilchenebene so genau wie möglich.

2 Nenne die Wortgleichung zur Neutralisationsreaktion in Bild 1.

3 ▌▌▌ Zeichne die Neutralisation von Flusssäure (HF) mit Kalilauge (KOH) auf Stoffteilchenebene.

A Wie läuft eine Neutralisation ab?

Material: Becherglas 100 ml, Messzylinder 50 ml, Glasstab, zwei Tropfpipetten, flüssiger Universalindikator, 1%ige Natronlauge, 1%ige Salzsäure, Schutzbrille

Durchführung:

Schritt 1: Miss 20 ml Natronlauge mit dem Messzylinder ab und gib die Lösung in das Becherglas. Notiere dir die genaue Menge, die du abgemessen hast.

Schritt 2: Füge drei Tropfen Universalindikator hinzu, bis sich die Lösung blau färbt.

1 Plane einen Versuch, mit dem du die Natronlauge neutralisieren kannst.

Starthilfe zu 1:
Verwende eine Tropfpipette, um kleine Mengen Salzsäure oder Natronlauge hinzugeben zu können.

2 Erstelle zu deinem Versuch ein Versuchsprotokoll.

3 Stelle eine neutrale Lösung her.

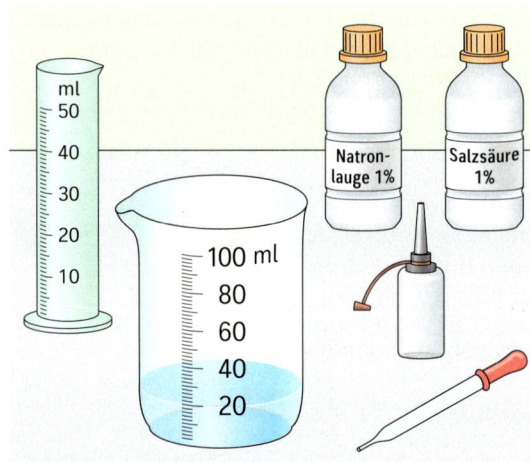

2 Benötigte Chemikalien und Materialien

Anwendungen der Neutralisation

Hilfe gegen Sodbrennen

Unser Magen benötigt Magensäure, um Nahrung zu zersetzen. Magensäure enthält Salzsäure. Produziert unser Magen zu viel Magensäure, kann sie die Speiseröhre verätzen und Sodbrennen oder Magengeschwüre auslösen. Durch die Einnahme von Tabletten, die das Salz Natriumhydrogencarbonat ($NaHCO_3$) enthalten (→ Bild 3), wird die Magensäure teilweise neutralisiert. Sie reagiert mit der Salzsäure in der Magensäure zu Wasser, Natriumchlorid und Kohlenstoffdioxid. Ein alltäglicher Name für Natriumhydrogencarbonat ist Natron.

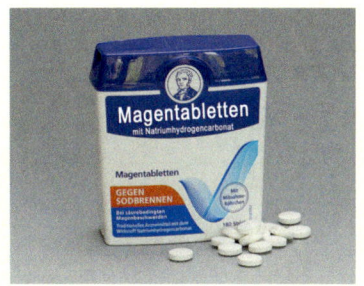

3 Natriumhydrogencarbonat in Tablettenform

Neutralisation von Abwässern in Industriebetrieben

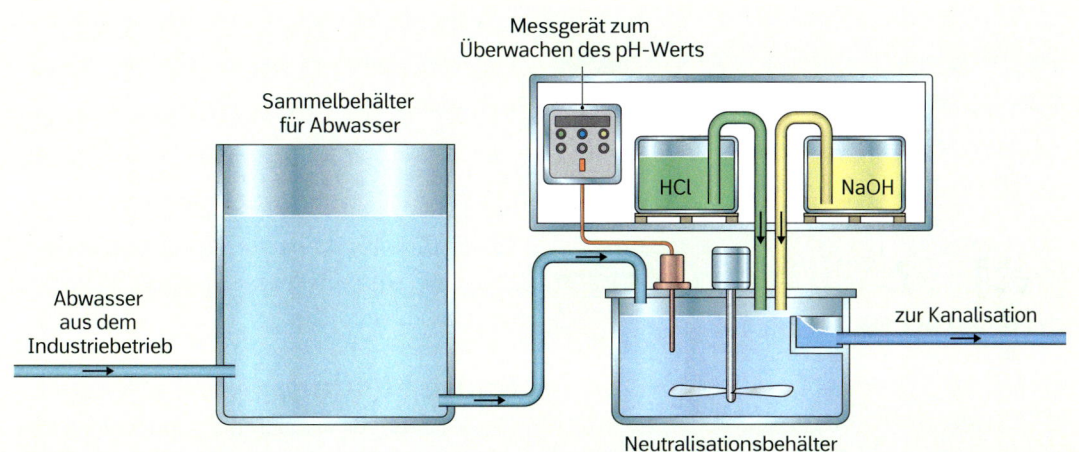

4 Eine Neutralisationsanlage

Bevor Abwasser aus einem Industriebetrieb in die Kanalisation eingeleitet werden darf, muss es neutralisiert werden. Sonst würde das Abwasser die Umwelt zu sehr schädigen. In einer Neutralisationsanlage wird dazu der pH-Wert gemessen. Zeigt der pH-Wert an, dass das Abwasser zu sauer ist, wird eine alkalische Lösung zugegeben. Ist das Abwasser zu alkalisch, wird eine saure Lösung dazugegeben. In Bild 4 siehst du das Funktionsschema einer Neutralisationsanlage. Solche Anlagen werden in der Lebensmittelindustrie, von Getränkeproduzenten oder auch von Laborbetrieben eingesetzt.

1 Nenne die Reaktionsgleichung für die Neutralisation von Salzsäure mit Natriumhydrogencarbonat.

2 ‖ Beschreibe die Funktionsweise einer Neutralisationsanlage mithilfe von Bild 4.

3 ‖‖ Recherchiere, warum Abwasser aus dem Haushalt oft leicht alkalisch sind.

Auf einen Blick: Saure und alkalische Lösungen

Saure Lösung	Oxonium-Ion	Säurerest-Ion
Flusssäure	H_3O^+	F^-
Salzsäure	H_3O^+	Cl^-
Bromwasserstoff-Lösung	H_3O^+	Br^-
Iodwasserstoff-Lösung	H_3O^+	I^-
Salpetersäure-Lösung	H_3O^+	NO_3^-

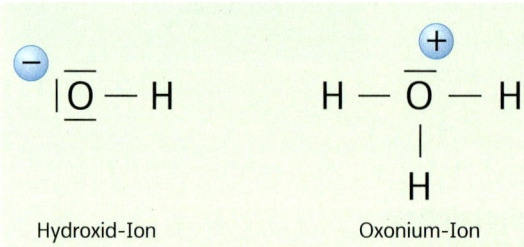

Hydroxid-Ion   Oxonium-Ion

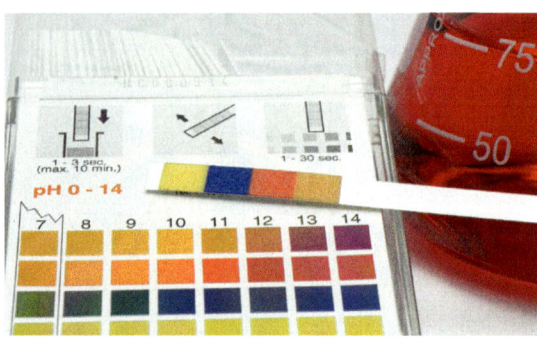

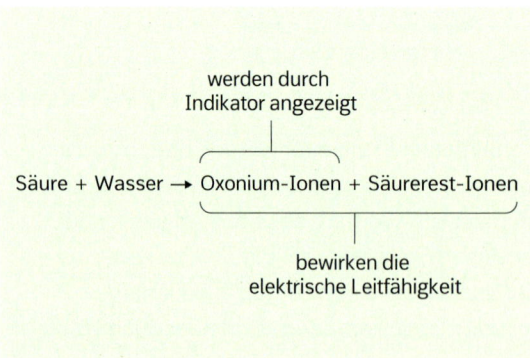

werden durch
Indikator angezeigt

Säure + Wasser → Oxonium-Ionen + Säurerest-Ionen

bewirken die
elektrische Leitfähigkeit

Lösungen aus Säuren und Basen

Säuren und Basen sind Reinstoffe.
Säuren bilden mit Wasser Oxonium-Ionen und Säurerest-Ionen. Die Lösungen von Säuren werden saure Lösungen genannt. Bekannte saure Lösungen sind:

- Salzsäure
- Essig
- kohlensaure Lösung

Wird eine Base in Wasser gelöst, entsteht eine alkalische Lösung. Basen bilden mit Wasser Hydroxid-Ionen, die für die alkalische Wirkung der Lösung sorgen. Bekannte alkalische Lösungen sind:

- Ammoniak-Lösung
- Kalkwasser
- Natronlauge

Mit einem Universalindikator kann festgestellt werden, ob eine saure oder alkalische Lösung vorliegt. Die Ionen in sauren und alkalischen Lösungen sind von Wasser-Molekülen umgeben und damit hydratisiert.

Saure Lösungen

Saure Lösungen reagieren mit Kalkstein und unedlen Metallen. Manche Säuren sind stark ätzend. Daher ist beim Arbeiten mit diesen Stoffen eine passende Schutzausrüstung notwendig.
Saure Lösungen leiten den elektrischen Strom, weil sie Oxonium- und Säurerest-Ionen enthalten. Die Oxonium-Ionen sind für die Indikatorreaktion von sauren Lösungen verantwortlich.

WICHTIGE BEGRIFFE
- Säure, saure Lösung, Oxonium-Ionen
- Base, alkalische Lösung, Hydroxid-Ionen

WICHTIGE BEGRIFFE
- ätzende Wirkung
- elektrische Leitfähigkeit
- Hydratisierung von Ionen

Alkalische Lösungen

Alkalische Lösungen werden auch Laugen genannt. Alle alkalischen Lösungen enthalten Hydroxid-Ionen. Die alkalische Indikatorreaktion von Laugen wird von den Hydroxid-Ionen hervorgerufen. Alkalische Lösungen können durch das Lösen von Metallhydroxiden in Wasser hergestellt werden. Die alkalischen Lösungen leiten den elektrischen Strom, da sie frei bewegliche Ionen enthalten.

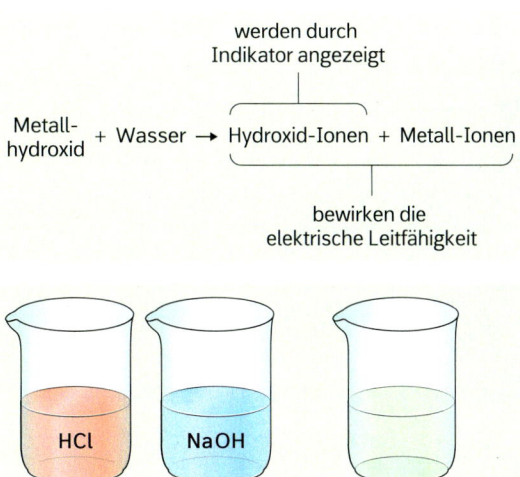

Die Neutralisation

Bei der Neutralisation von sauren und alkalischen Lösungen entstehen Wasser und Salz. Die Oxonium-Ionen der sauren Lösung und die Hydroxid-Ionen der alkalischen Lösung reagieren zu Wasser-Molekülen. Dabei wird Energie in Form von Wärme frei. Es handelt sich bei der Neutralisation um eine exotherme Reaktion.

Sauer, alkalisch und neutral

Viele Stoffe aus unserem Alltag lassen sich in sauer, alkalisch oder neutral einteilen. Saure Lösungen haben einen pH-Wert kleiner als 7. Neutrale Lösungen haben einen pH-Wert von 7. Alkalische Lösungen haben einen pH-Wert größer als 7.

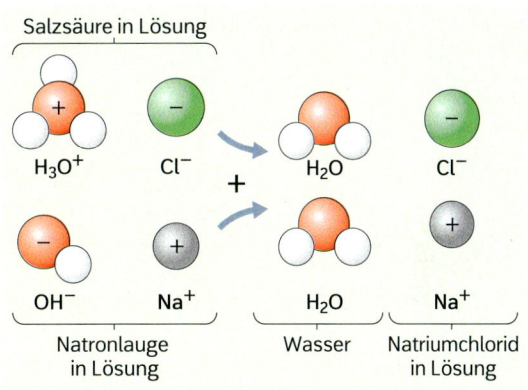

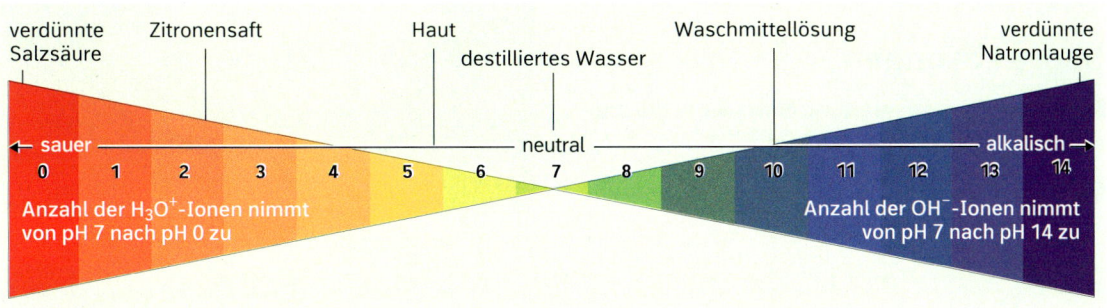

Auf einen Blick

Lerncheck: Saure und alkalische Lösungen

Säuren und Basen bilden Lösungen

1 Nenne drei Säuren und drei Basen.

2 Erkläre jeweils den Unterschied von
   a) Säure und saurer Lösung.
   b) Base und alkalischer Lösung.

3 Nenne Sicherheitsvorkehrungen beim Arbeiten mit sauren und alkalischen Lösungen.

4 Ergänze nachfolgendes Schema:

   Säure + Wasser → ... + ...

5 Nenne die Namen der Ionen, die in jeder sauren Lösung vorkommen.

6 Ordne nachfolgende Stoffe den Kategorien saure, neutrale oder alkalische Lösung zu.

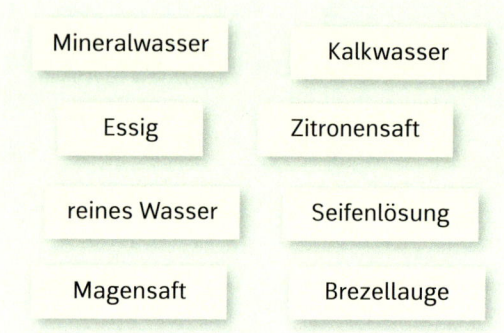

Mineralwasser	Kalkwasser
Essig	Zitronensaft
reines Wasser	Seifenlösung
Magensaft	Brezellauge

Saure Lösungen

7 Magnesium reagiert mit Salzsäure. Formuliere die Reaktionsgleichung.

8 Nenne drei Metalle, die gegenüber Säuren beständig sind.

9 Ordne den Säuren in der Abbildung die jeweils passende Formel zu.

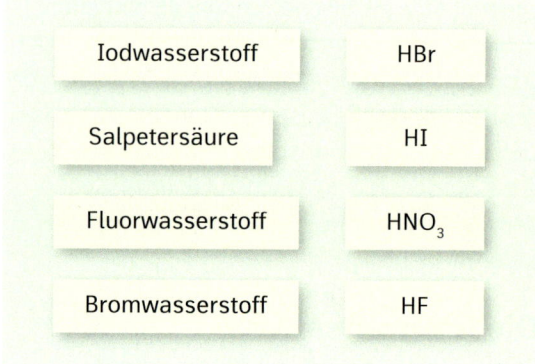

Iodwasserstoff	HBr
Salpetersäure	HI
Fluorwasserstoff	HNO_3
Bromwasserstoff	HF

10 Chlorwasserstoff wird in Wasser gelöst. Erkläre an diesem Beispiel die Protonenübertragung.

11 Erkläre die elektrische Leitfähigkeit bei sauren Lösungen.

12 Begründe, dass Universalindikatorpapier von fester Citronensäure nicht verfärbt wird.

Alkalische Lösungen

13 Beschreibe zwei verschiedene Möglichkeiten zum Herstellen einer alkalischen Lösung.

14 Nenne die Stoffteilchen an, die in jeder alkalischen Lösung enthalten sind.

15 Ein Stückchen Natrium reagiert mit Wasser. Formuliere die Reaktionsgleichung.

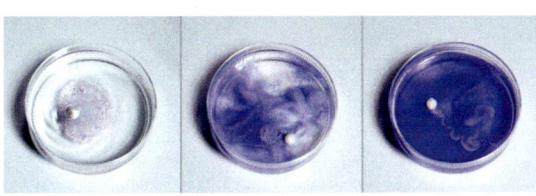

16 Natriumhydroxid wird in Wasser gelöst. Formuliere die Reaktionsgleichung.

17 Nenne das Metallhydroxid, welches nach dem Eindampfen von Kalilauge übrigbleibt.

18 Ordne den Basen und alkalischen Lösungen im Bild unten die passenden Ionen zu.

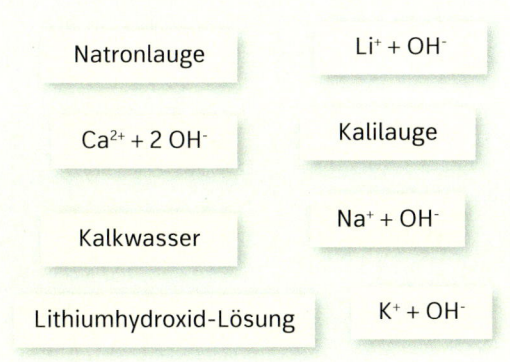

Natronlauge	$Li^+ + OH^-$
$Ca^{2+} + 2\,OH^-$	Kalilauge
Kalkwasser	$Na^+ + OH^-$
Lithiumhydroxid-Lösung	$K^+ + OH^-$

Die Neutralisation

19 Beschreibe den chemischen Vorgang einer Neutralisation am Beispiel von Salzsäure und Natronlauge.

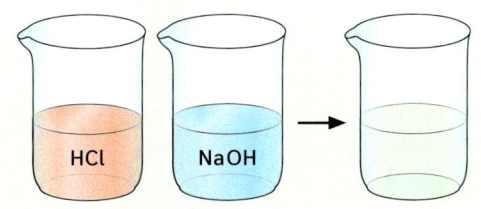

20 Natronlauge wird mit Salzsäure neutralisiert. Formuliere die Reaktionsgleichung.

21 Erkläre die Bildung von Wasser bei einer Neutralisation.

22 Beschreibe einen Versuch, mit dem eine Säure neutralisiert werden kann.

23 Beschreibe den Temperaturverlauf einer Neutralisation von Säure mit Base und gib an, ob es sich um eine exotherme oder endotherme Reaktion handelt.

24 Nachfolgende Salze sind durch Neutralisationsreaktionen entstanden. Nenne jeweils die Säure oder die Base aus der sie entstanden sind.

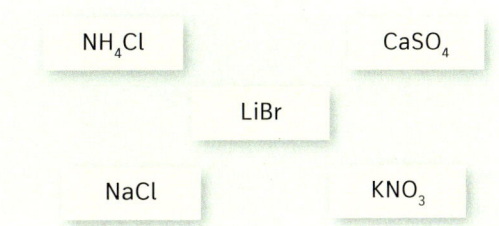

NH_4Cl

$CaSO_4$

$LiBr$

$NaCl$

KNO_3

DU KANNST JETZT …

- … Möglichkeiten zum Herstellen saurer und alkalischer Lösungen beschreiben.
- … Reaktionsgleichungen zu Basen und alkalischen Lösungen formulieren.

DU KANNST JETZT …

- … das Verhalten von Basen und alkalischen Lösungen beschreiben.
- …Neutralisationsreaktionen mit Reaktionsgleichungen formulieren.

Lerncheck

Die Kohlenwasserstoffe

Was sind Kohlenwasserstoffe?

Warum löst Wasser kein Fett?

Was haben Äpfel und manche Kunststoffe gemeinsam?

Digital+
Film

1 Alkane im Alltag: **A** Propangasherd, **B** Octan ist Kraftstoff, **C** Kerzen aus Paraffin

Die Reihe der Alkane

Alkane

Alkane sind eine Gruppe von **Kohlenwasserstoffen**, die nur aus Kohlenstoff-Atomen (C) und Wasserstoff-Atomen (H) bestehen. Sie sind Bestandteile des Erdöls und des Erdgases. Beim Verbrennen reagieren Alkane mit Sauerstoff und geben dabei Energie in Form von Wärme und Licht ab. Es handelt sich um eine exotherme chemische Reaktion. Sie werden Energieträger genannt. Es gibt unterschiedliche lange Alkane (→ Bild 3A bis 3C). Die Länge der Alkan-Moleküle bestimmt ihre Siedetemperatur und dadurch auch in ihren Aggregatzustand. Es gibt feste, flüssig und gasförmige Alkane.

2 Verbrennungsmotoren benötigen Öl.

Gasförmige Alkane

Gasförmige Alkane werden in Gaskraftwerken zur Stromerzeugung, in Erdgasheizungen oder zum Kochen im Gasherd (→ Bild 1A) verbrannt. Am verbreitetsten ist das Methan, der Hauptbestandteil des Erdgases. Die Hitze zum Grillen liefert beim Gasgrill die Verbrennung von Propan und Butan. Gasförmige Alkane lassen sich durch Druck verflüssigen. Feuerzeuge sind mit verflüssigtem Butan befüllt.

Flüssige Alkane

Flüssige Alkane werden als Kraftstoffe in Form von Benzin oder Diesel (→ Bild 1B) in Verbrennungsmotoren oder als zähflüssiges Öl in Schmierstoffen (→ Bild 2) verwendet.

Feste Alkane

Auch feste Alkane werden als Energieträger genutzt. Manche Kerzen bestehen aus einem Gemisch verschiedener fester Alkane (→ Bild 1C). Ein solches Gemisch heißt Paraffin. Beim Verbrennen wird Energie in Form von Wärme und Licht frei.

Methan

Das Methan ist das einfachste Alkan. Es enthält neben einem Kohlenstoff-Atom vier Wasserstoff-Atome (→ Bild 3A). Die Summenformel von Methan ist CH_4.

Ethan

Das Alkan mit zwei Kohlenstoff-Atomen heißt Ethan. Die Kohlenstoff-Atome sind durch eine Einfachbindung miteinander verbunden (→ Bild 3B). Das Molekül hat die Summenformel C_2H_6.

Propan

Wird die Kohlenstoffkette weiter verlängert, entsteht das Propan. An die drei Kohlenstoff-Atome sind dann insgesamt acht Wasserstoff-Atome gebunden (→ Bild 3C). Es hat die Summenformel C_3H_8.

Die Reihe der Alkane

Die Reihe lässt sich beliebig fortführen (→ Bild 4). Dabei werden die Moleküle jeweils um ein Kohlenstoff-Atom und zwei Wasserstoff-Atome ergänzt. Es gibt Alkan-Moleküle mit Ketten aus mehreren hundert Kohlenstoff-Atomen.

Die Struktur der Alkane

Zwischen den Kohlenstoff-Atomen von Alkanen gibt es nur Einfachbindungen. Die Alkane unterscheiden sich untereinander in der Anzahl und der Anordnung der Kohlenstoff-Atome. Je länger die Kohlenstoff-Kette ist, desto fester werden Alkan. Methan (CH_4) ist gasförmig. Eicosan ($C_{20}H_{42}$) ist fest.

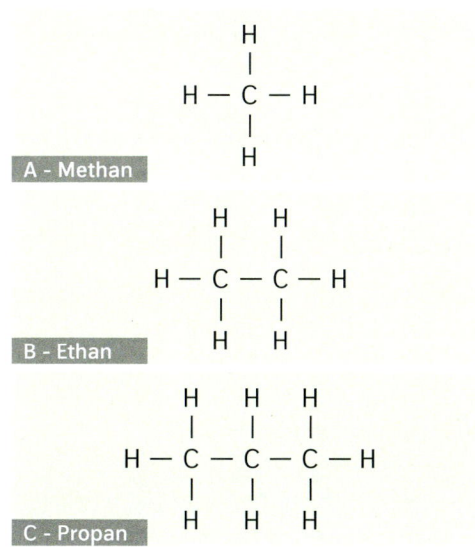

A - Methan

B - Ethan

C - Propan

3 Die Strukturformeln der ersten drei Alkane

Name	Summenfomel	Aggregatzustand bei 20 °C
Methan	C_1H_4	gasförmig
Ethan	C_2H_6	gasförmig
Propan	C_3H_8	gasförmig
Butan	C_4H_{10}	gasförmig
Pentan	C_5H_{12}	flüssig
Hexan	C_6H_{14}	flüssig
Heptan	C_7H_{16}	flüssig
Octan	C_8H_{18}	flüssig
Nonan	C_9H_{20}	flüssig
Decan	$C_{10}H_{22}$	flüssig
...	...	...
Hexadecan	$C_{16}H_{34}$	flüssig
Eicosan	$C_{20}H_{42}$	fest

4 Die Reihe der Alkane

> Die Moleküle der Alkane bestehen aus Kohlenstoff- und Wasserstoff-Atomen. Zwischen ihren Atomen gibt es nur Einfachbindungen.

1 Nenne je ein festes, flüssiges und gasförmiges Alkan sowie je einen Verwendungszweck.

2 ▮▮ Beschreibe wie sich die Anzahl der Kohlenstoff- und Wasserstoff-Atome in der Reihe der Alkane ändert.

3 ▮▮ Erstelle für die ersten sechs Alkane eine Tabelle mit den Spalten Name, Summenformel und Strukturformel. Fülle sie aus und zeichne die Strukturformeln.

Starthilfe zu 3:
Orientiere dich an den Bildern 3A bis 3C, um die Strukturformeln zu zeichnen.

A Verschiedene Darstellungen von Alkanen

H H H H H H
| | | | | |
H — C — C — C — C — C — C — H
| | | | | |
H H H H H H

1 Die Strukturformel von Hexan

Mithilfe der Strukturformel in Bild 1 lässt sich der räumliche Bau einfacher darstellen. Die Kohlenstoffkette wird geradlinig gezeichnet und die Wasserstoff-Atome senkrecht dazu.

A
$$H_3C\text{-}CH_2\text{-}CH_2\text{-}CH_2\text{-}CH_2\text{-}CH_3$$

B
$$H_3C\text{-}(CH_2)_4\text{-}CH_3$$

2 Die vereinfachte Strukturformel von Hexan

Bei der vereinfachten Strukturformel werden die Wasserstoff-Atome, die an einem Kohlenstoff-Atom gebunden sind, verkürzt dargestellt. Du schreibst CH_2 oder CH_3 ohne die Bindungen dazwischen (→ Bild 2A). Wiederholen sich einzelne Abschnitte dabei, können sie mit einer Klammer zusammengefasst werden (→ Bild 2B).

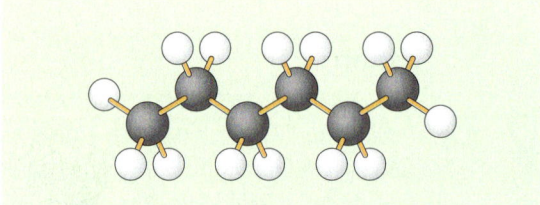

3 Das Kugel-Stab-Modell von Hexan

Die räumliche Struktur der Alkane kannst du unterschiedlich zeichnen. Im Kugel-Stab-Modell werden die Atome durch Kugeln und die bindenden Elektronenpaare durch Stäbe dargestellt.

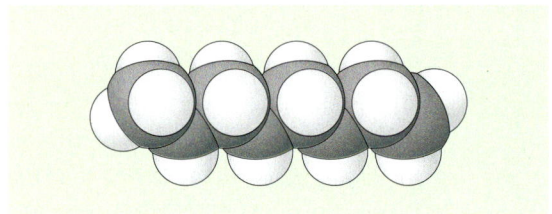

4 Das Kalottenmodell von Octan

Eine weitere Darstellungsmöglichkeit ist das Kalotten-Modell. Beim Kalotten-Modell werden die Atome durch Kugeln dargestellt. Verbundene Atome berühren sich. In Bild 4 siehst du das Kalotten-Modell eines Octan-Moleküls.

1. Zeichne die Moleküle in der Strukturformel und benenne sie.
   a) $H_3C\text{-}CH_2\text{-}CH_2\text{-}CH_2\text{-}CH_3$
   b) $H_3C\text{-}(CH_2)_5\text{-}CH_3$

2. Baue mithilfe des Molekülbaukastens die Alkane aus Aufgabe 1 nach.

3. Zeichne ein Decan Molekül in zwei verschiedenen Darstellungen.

4. Zeichne die Strukturformeln der Moleküle in Bild 5 A bis 5 D und benenne sie.

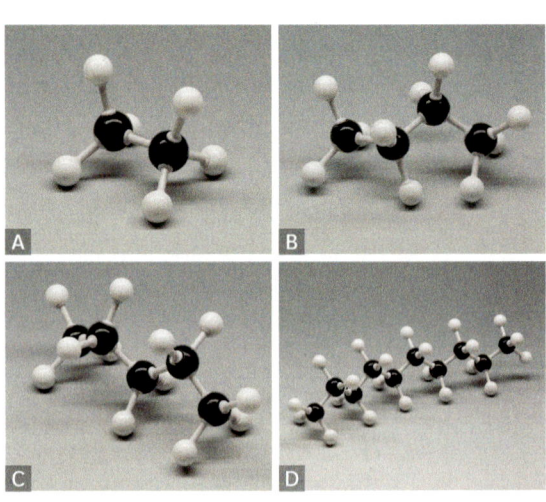

5 Molekülmodelle verschiedener Alkane

B Flüssigkeiten reagieren unterschiedlich

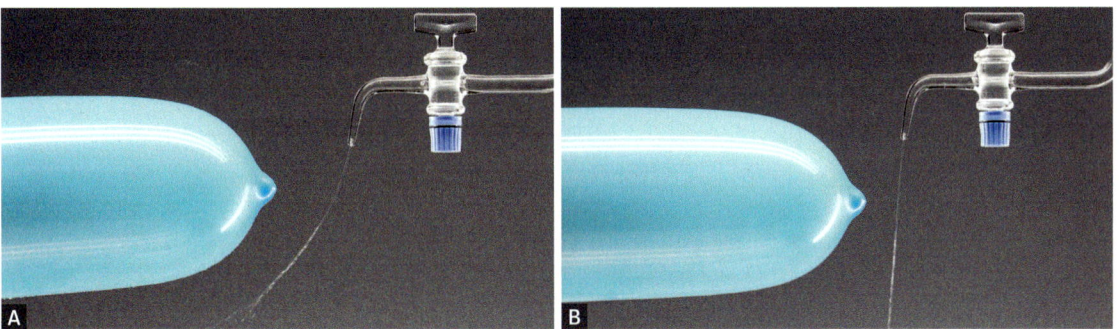

6 A Der Wasserstrahl wird abgelenkt, **B** der Octanstrahl nicht.

1 **a)** Erstelle für den oben dargestellten Versuch ein Versuchsprotokoll.
b) Formuliere dazu eine Forscherfrage, die du mit dem Versuch beantworten kannst.

2 **a)** Begründe, dass ein Wasserstrahl vom geladenen Luftballon abgelenkt wird.
b) Stelle eine Vermutung an, warum der Octanstrahl nicht von dem geladenen Luftballon abgelenkt wird.

C Alkane in der Stoffpyramide

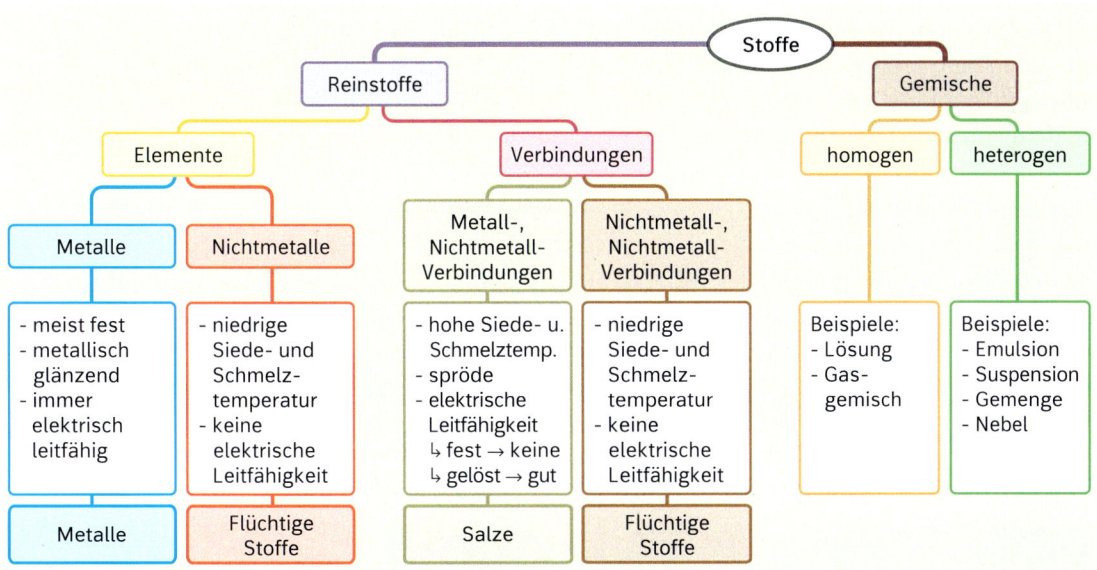

7 Die Stoffgruppen in der Stoffpyramide

1 Nenne die Gruppe, in der die Stoffe Methan, Octan und Paraffin in der Stoffpyramide eingeordnet sind.

2 Zeichne die Strukturformel der Alkane Methan, Heptan und Decan.

Digital+
Film

1 Ein Gecko kann auf vielen Oberflächen kopfüber laufen.

Die VAN-DER-WAALS-Wechselwirkungen

Halt ohne Klebstoff

Ein Gecko kann kopfüber auf vielen Oberflächen laufen (→ Bild 1). Die Füße des Geckos besitzen viele feine Lamellen. Sie sind leicht verformbar und passen sich so optimal an raue oder glatte Flächen an. Die Haftung seiner Füße beruht auf schwachen **elektrischen Anziehungskräften** zwischen den feinen Lamellen und der Glasscheibe. Die Summe dieser Anziehungskräfte hält den Gecko an der Scheibe. Dabei ziehen Atome in einem Molekül die Atome aus benachbarten Molekülen an. Diese Anziehungskräfte zwischen Molekülen sind nach ihrem Entdecker **JOHANNES DIDERIK VAN DER WAALS** benannt.

VAN-DER-WAALS-Wechselwirkung

Die positiv geladenen Protonen und die negativ geladenen Elektronen unterschiedlicher Molekülen ziehen sich gegenseitig an (→ Bild 2A). Stoßen Moleküle gegen eine Gefäßwand oder treffen auf andere Moleküle, kommt es zu einer zeitweisen Verschiebung der Elektronen innerhalb der Bindungen (→ Bild 2B). Durch diese **Ladungsverschiebung** entstehen kurzfristige Anziehungskräften zwischen benachbarten Molekülen (→ Bild 2C). Diese Anziehungskräfte heißen **VAN-DER-WAALS-Wechselwirkungen**. Sie treten zwischen allen Molekülen auf und sind schwächer als die Bindungen in den Molekülen.

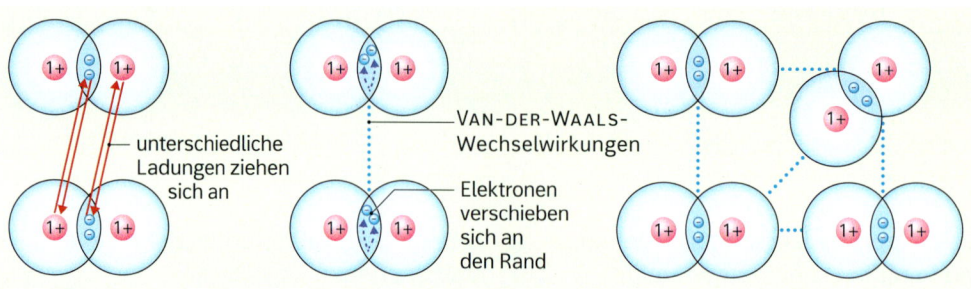

2 Ladungsverschiebung bei VAN-DER-WAALS-Wechselwirkungen

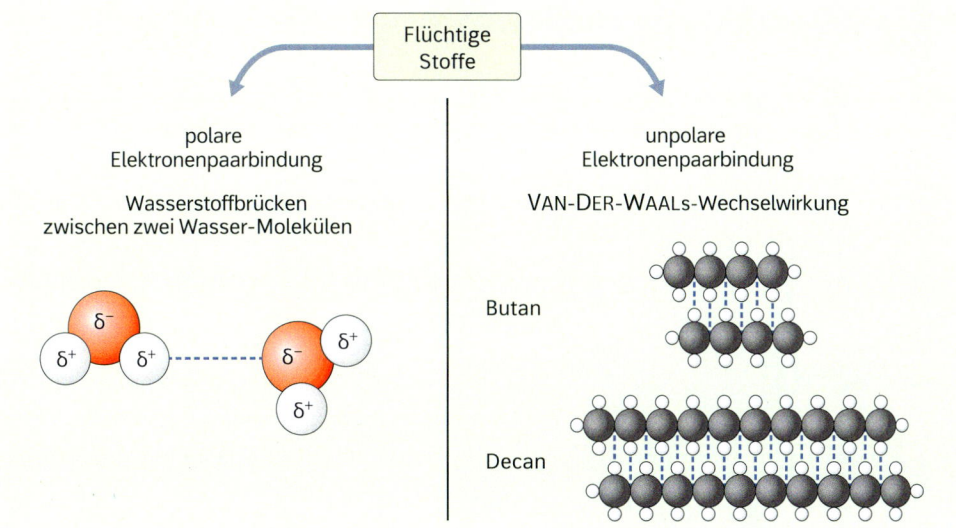

3 Vergleich von Wasserstoffbrücken und VAN-DER-WAALS-Wechselwirkungen

Einfluss der Molekülgröße

Jedes Atom eines Moleküls übt Anziehungskräfte auf die Atome in benachbarten Molekülen aus. Ähnlich wie bei den Lamellen des Geckos addieren sich die einzelnen Anziehungskräfte. Je mehr Atome ein Molekül besitzt, desto stärker sind die VAN-DER-WAALS-Wechselwirkungen zwischen ihm und seinen umgebenden Molekülen. In Bild 3 kannst du sehen, dass bei kleinen Molekülen, wie dem Butan die Wechselwirkungen gering sind. Der Stoff ist gasförmig. Bei größeren Molekülen, wie zum Beispiel dem Decan sorgen die Wechselwirkungen für genug Zusammenhalt. Deshalb ist Decan bei Raumtemperatur flüssig ist.

> Die VAN-DER-WAALS-Wechselwirkungen sind vergleichsweise schwach. Je größer ein Molekül ist, desto stärkere VAN-DER-WAALS-Wechselwirkungen kann es ausbilden.

Stärke der Wechselwirkungen

Die VAN-DER-WAALS-Wechselwirkungen sind die schwächsten Wechselwirkungen. Stärker als die VAN-DER-WAALS-Wechselwirkungen sind die Wasserstoffbrücken. Sie treten bei Molekülen wie zum Beispiel Wasser auf. Noch stärker sind ionische Wechselwirkungen, die zwischen geladenen Stoffteilchen auftreten, zum Beispiel in Kochsalz.

Mithilfe der Wechselwirkungen kannst du die Siedetemperatur von Stoffen vergleichen. Butan (-1 °C) ist gasförmig, weil es nur VAN-DER-WAALS-Wechselwirkungen ausbildet. Wasser (100 °C) ist wegen der Wasserstoffbrücken flüssig. Kochsalz (1465 °C) ist fest, da es ionische Wechselwirkungen ausbildet. VAN-DER-WAALS-Wechselwirkungen werden mit zunehmender Molekülgröße stärker. Deshalb ist Eikosan fest. Es kann an vielen Stellen VAN-DER-WAALS-Wechselwirkungen ausbilden.

1 Erkläre, wie es der Gecko schafft, an einer glatten Wand entlang zu laufen.

2 Schreibe den Satz in dein Heft und vervollständige ihn:
Je stärker die ... zwischen den Molekülen eines Stoffes sind, desto höher ist ... .

3 ‖ Begründe mithilfe der VAN-DER-WAALS-Wechselwirkungen, dass in der Reihe der Alkane die Siedetemperatur mit zunehmender Kettenlänge steigt.

Ⓐ Sind flüssige Alkane dickflüssig oder dünnflüssig?

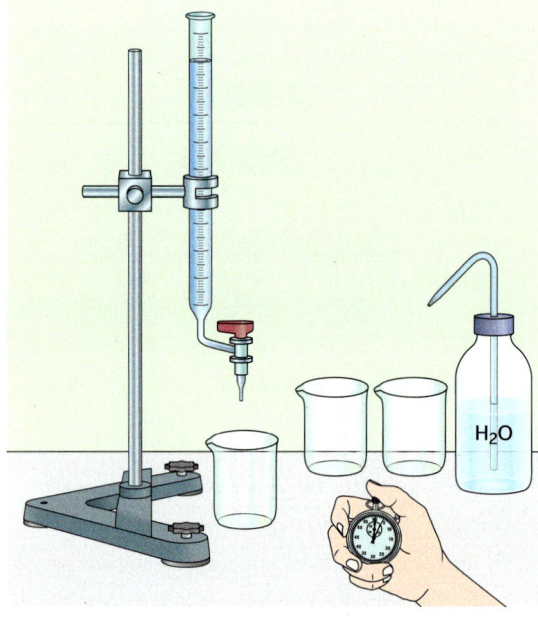

1 Versuchsaufbau zur Messung der Viskosität

Material: Stativ, drei kleine Bechergläser, Bürette, Stoppuhr, zwei flüssige Alkane mit unterschiedlicher Kettenlänge, Wasser, Schutzbrille

Durchführung:
Schritt 1: Befülle die Bürette mit 10 ml Wasser.
Schritt 2: Miss die Zeit, die das Wasser benötigt, um vollständig aus der Bürette zu fließen.
Schritt 3: Wiederhole die Schritte 2 und 3 mit den beiden Alkanen.

❶ a) Bestimme welches Alkan dickflüssiger ist.
b) Vervollständige den Merksatz:
"Ein Alkan ist dickflüssiger, wenn seine Kohlenstoffkette ... ."
c) Stelle eine Vermutung an, über den Zusammenhang zwischen Dickflüssigkeit und Wechselwirkungen.

Ⓐ Wechselwirkungen beeinflussen das Fließverhalten

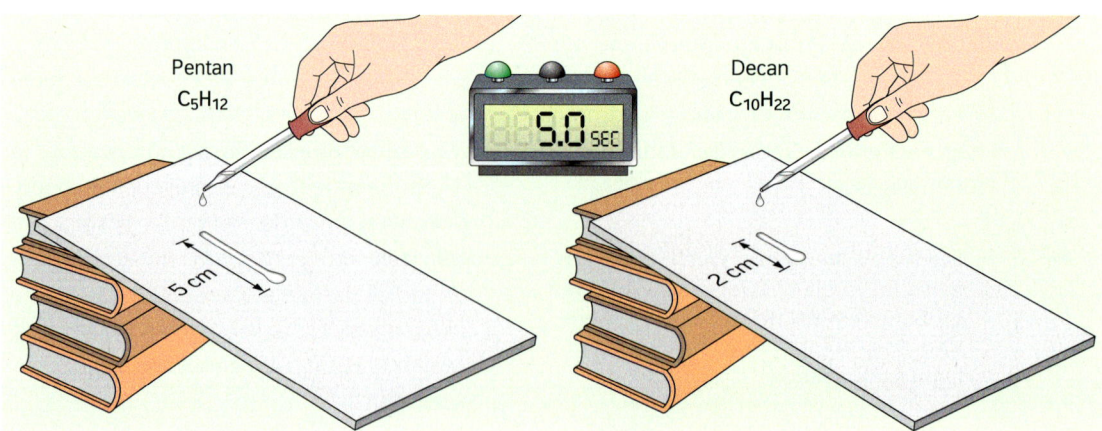

2 Zwei unterschiedliche Alkane

❶ a) Beschreibe die Darstellung in Bild 2.
b) Erkläre mithilfe von Bild 2 das Fließverhalten von flüssigen Alkanen.

❷ III Erkläre mithilfe der Wechselwirkungen, dass Wasser dickflüssiger ist als Pentan, obwohl Wasser-Moleküle kleiner sind als Pentan-Moleküle.

B Die Siedetemperatur der Alkane

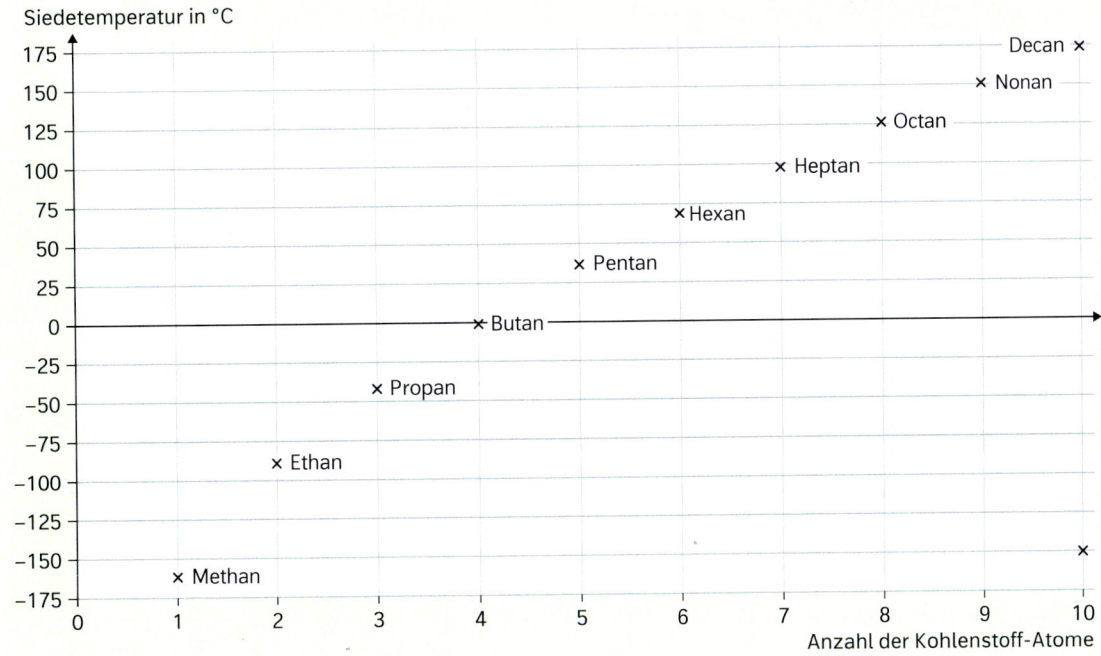

3 Diagramm der Siedetemperaturen von wichtigen Alkanen

1 Formuliere einen Satz, mit dem du den Zusammenhang zwischen Siedetemperatur und Kettenlänge der Alkane beschreibst.

2 Nenne alle Alkane in Bild 3, die bei einer Raumtemperatur von 20 °C gasförmig sind.

3 ▌▌▌ Begründe den Zusammenhang zwischen Siedetemperatur und Kettenlänge der Alkane mithilfe der Van-der-Waals-Wechselwirkungen.

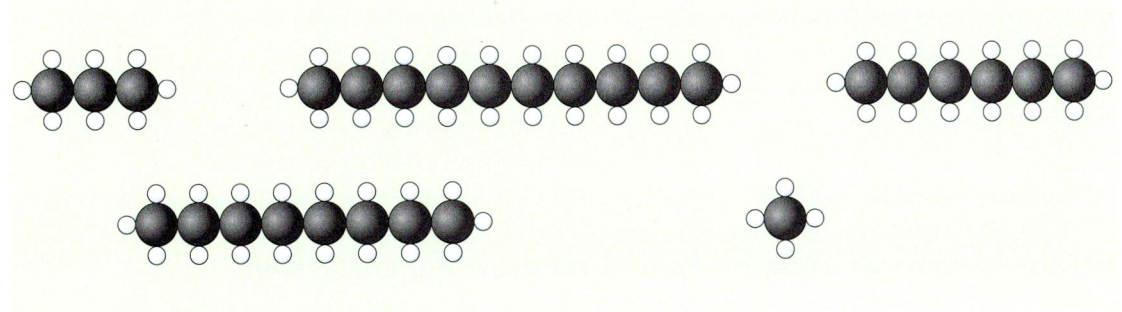

4 Verschieden lange Alkane

4 **a)** Benenne die Alkane in Bild 4.
▌▌ **b)** Ordne die Alkane in Bild 4 nach steigender Siedetemperatur.

5 ▌▌ Stearinsäure ist bei 20 °C fest. Sie hat die Summenformel $C_{17}H_{35}$. Begründe, warum alle Alkane ab dieser Summenformel fest sind.

Van der Waals-Wechselwirkungen

Wasserstoffbrücken

1 Fetttröpfchen schwimmen auf einer Suppe.

Die Löslichkeit von Stoffen

Fett in der Suppe

In einer klaren Suppe sind Wasser, Fett und verschiedene Kräuter. Auf der Wasseroberfläche schwimmen Fettaugen. Egal wie lange du rührst, das Fett löst sich nicht auf.

Suppe chemisch betrachtet

Eine klare Suppe besteht überwiegend aus Wasser. Wasser-Moleküle sind **polar**. Zwischen ihnen bilden sich Wasserstoffbrücken. Diese halten die Wasser-Moleküle zusammen (→ Bild 1).

Fett chemisch betrachtet

Fettmoleküle bestehen aus drei langen Kohlenwasserstoffketten, an denen sechs Sauerstoff-Atome gebunden sind. Fettmoleküle sind überwiegend unpolar, da die Sauerstoff-Atome einen geringen Anteil am Fettmolekül haben. Die Moleküle werden deshalb durch VAN-DER-WAALS-Wechselwirkungen zwischen den Kohlenwasserstoffketten zusammengehalten.

Wasser und Fett lösen sich nicht

Die Wechselwirkungen zwischen den Wasser-Molekülen unterscheiden sich von den Wechselwirkungen zwischen den Fett-Molekülen. Deshalb lösen sich die beiden Stoffe nicht ineinander.

Lösemittel

Lösemittel sind in der Lage, bestimmte Stoffe zu lösen. Die Löslichkeit hängt von den Wechselwirkungen zwischen den Molekülen ab. Sind diese gleich oder ähnlich, lösen sich Stoffe ineinander. Sind sie unterschiedlich, lösen sie sich nicht.

Grundsatz der Löslichkeit

Stoffe mit polaren Molekülen, wie zum Beispiel Wasser, lösen sich in Stoffen, die ebenfalls polare Moleküle haben. Stoffe mit unpolaren Molekülen, wie Fette, lösen sich in anderen Stoffen mit unpolaren Molekülen, wie zum Beispiel den Alkanen. **Gleiches löst sich in Gleichem**.

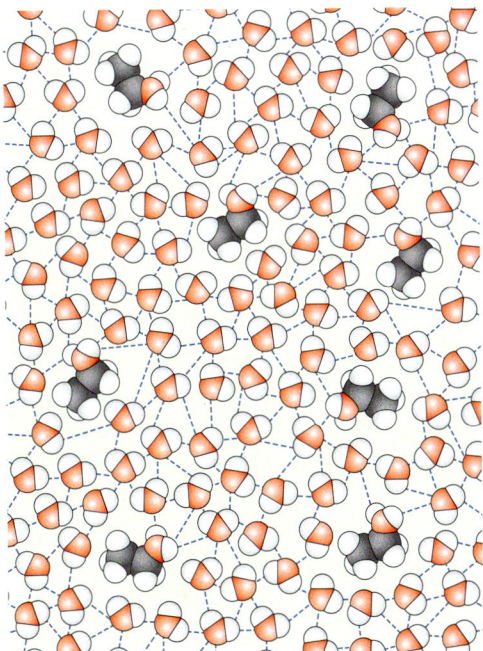

2 Alkohol und Wasser lösen sich.

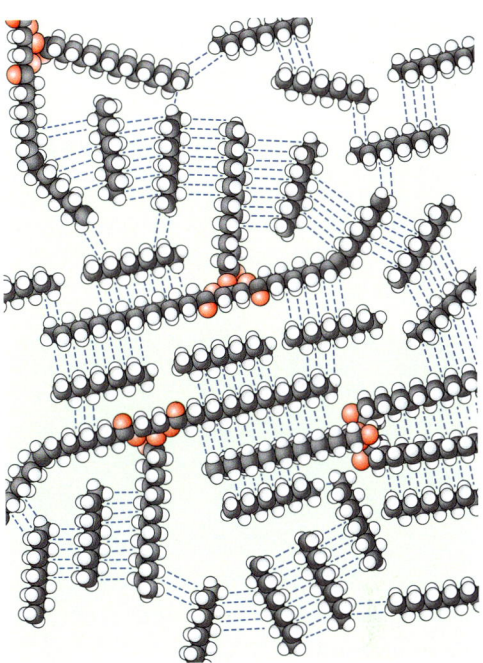

3 Fett und Alkane lösen sich ineinander.

Wasser als Lösemittel

Wasser löst Alkohol. Bei alkoholischen Getränken handelt es sich immer um eine Lösung von Alkohol in Wasser. Alkohol-Moleküle und Wasser-Moleküle besitzen beide polare Bindungen. Daher lösen sich die beiden Stoffe ineinander. Dafür verantwortlich sind die Wasserstoffbrücken, die sich zwischen den Alkohol- und den Wasser-Molekülen bilden (→ Bild 2). Stoffe mit unpolaren Bindungen, wie die Alkane, sind nicht wasserlöslich. Sie verhalten sich gegenüber den Wasser-Molekülen genau wie die Fettmoleküle in Bild 1.

Fett als Lösemittel

Fett und Alkane sind Stoffe mit unpolaren Molekülen. Durch die VAN-DER-WAALS-Wechselwirkungen, die zwischen den Fett-Molekülen und den Alkan-Molekülen wirken, lösen sich die beiden Stoffe ineinander. Fette können feste Substanzen wie Kerzenwachs, das aus langkettigen Alkanen besteht, auflösen.

> Wasser ist ein polares Lösemittel. Fett ist ein unpolares Lösemittel. Bei Lösemitteln gilt der Grundsatz: Gleiches löst sich in Gleichem.

1 Erläutere, weshalb sich auf einer Suppe Fettaugen bilden.

2 Erkläre, weshalb Wasser ein Lösemittel für Alkohol ist.

3 ‖ **a)** Erläutere die Aussage „Gleiches löst sich in Gleichem".
‖ **b)** Begründe mithilfe des Grundsatzes der Löslichkeit: Alkohol löst sich nicht in Octan.

4 ‖ **a)** Gib für folgende Stoffe an, welche Wechselwirkungen jeweils zwischen ihren Molekülen auftreten: Wasser, Fett, Alkohol, Octan.
‖ **b)** Begründe mithilfe der auftretenden Wechselwirkungen ob die Stoffe in 4 a) wasserlöslich oder fettlöslich sind.

Starthilfe zu 4b:
Überlege, ob die Moleküle der Stoffe polare oder unpolare Bindungen aufweisen.

»

A Lassen sich Öl und Wasser miteinander vermischen?

Material: Luer-Lock Spritze mit Öl, Luer-Lock Spritze mit Sahne, Luer-Lock Spritze Verbindungsstücke.

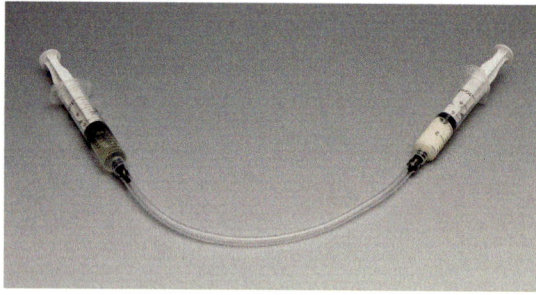

1 Versuchsaufbau

1 Erstelle ein Versuchsprotokoll.

2 Beschreibe die unterschiedlichen Beobachtungen nach den Schritten 3 und 7.

Durchführung:

Schritt 1: Fülle ein Becherglas mit Wasser.
Schritt 2: Ziehe in die Luer-Lock Spritze mit dem Öl die gleiche Menge Wasser ein.
Schritt 3: Schüttle die Spritze kräftig.
Schritt 4: Notiere deine Beobachtungen.
Schritt 5: Verbinde die Spritze mit dem Öl-Wasser-Gemisch mit der Spritze, in der die Sahne ist.
Schritt 6: Drücke die Sahne zusätzlich in das Öl-Wasser-Gemisch.
Schritt 7: Schüttle die neue Mischung erneut.

3 Sahne enthält Fett. Leite aus den Versuchsergebnissen ab, ob der Hauptbestandteil der Sahne Wasser oder Fett ist.

A Emulgatoren verbessern die Mischbarkeit

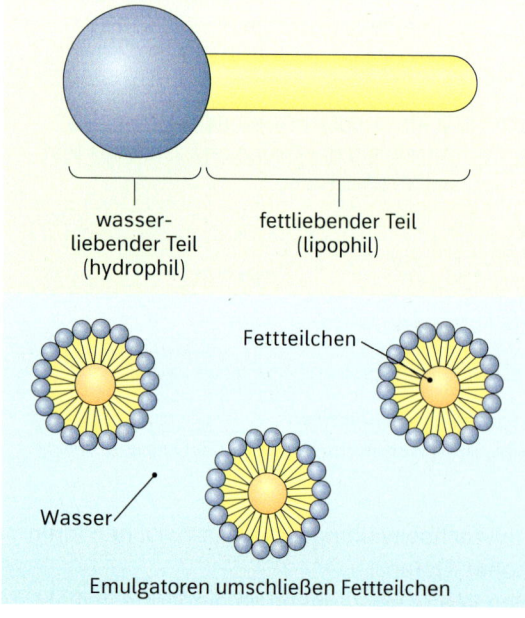

2 Ein Emulgator-Molekül

Milch ist ein Gemisch aus Fett und Wasser. Du siehst die Fetttropfen mit bloßem Auge nicht. Das Gemisch trennt sich nicht. Dafür verantwortlich sind Emulgatoren. In der Milch ist der Emulgator Lecithin enthalten. Er verhindert, dass sich das Fett und das Wasser trennen.

1 a) Beschreibe das Emulgator-Molekül in Bild 2.
b) Erläutere, wie Emulgatoren dafür sorgen, dass sich Fett und Wasser besser vermischen lassen.

2 a) Max behauptet, dass Fett in Milch gelöst ist. Erkläre ihm, dass dies nicht möglich ist.
ll b) Begründe anhand des Aussehens von Milch, dass in dieser ein natürlicher Emulgator enthalten sein muss.

Öl- und Wasser-Emulsionen im Alltag

Wasser auf dem Joghurt

Joghurt enthält Wasser und Fett. Lässt du Joghurt längere Zeit stehen, trennen sich die beiden Stoffe. Das Wasser schwimmt dann auf dem Joghurt. Wenn du umrührst, vermischen sich das Wasser und das Fett wieder. Der enthaltene Emulgator bewirkt, dass sich die beiden Stoffe wieder vermischen. Anders als bei einer Lösung, wie Salz in Wasser, entmischen sich die Stoffe aber mit der Zeit wieder.

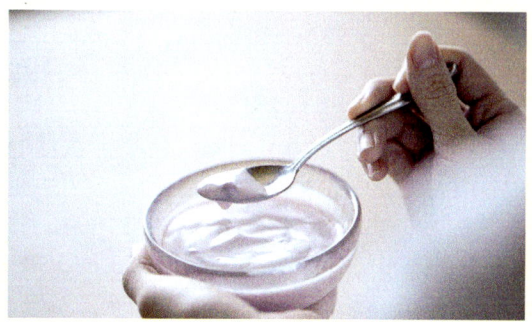

3 In Joghurt mischen sich Wasser und Fett.

Emulsionen in Lebensmitteln

Senf und Honig enthalten von Natur aus den Emulgator Lecithin. Es ist der am häufigsten verwendete Emulgator in Lebensmitteln. Wenn du eine Salatsoße mit Essig und Öl anmischst, kannst du etwas Senf oder Honig dazu geben, damit sich die beiden Stoffe vermischen. Auch in Schokolade oder ist Lecithin enthalten. Emulgatoren werden Lebensmitteln aber auch künstlich zugesetzt. Sie sind wie Farbstoffe auch Lebensmittel-Zusatzstoffe. Jeder Zusatzstoff hat eine E-Nummer. Bei Lecithin ist es die Nummer E322.

4 Senf enthält den naturlichen Emulgator Lecithin.

Emulsionen in der Kosmetik

Cremes und Lotionen sind Gemische aus Wasser und Öl. Damit sich Wasser und Öl nach ein paar Tagen nicht trennen, enthalten auch sie Emulgatoren. In Kosmetik wird häufig der Emulgator Glycerylstearat verwendet.

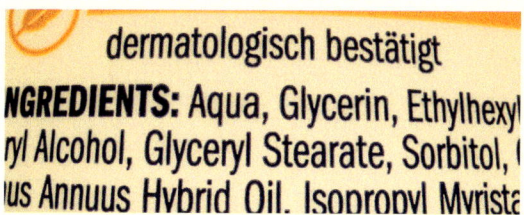

dermatologisch bestätigt

INGREDIENTS: Aqua, Glycerin, Ethylhexyl ryl Alcohol, Glyceryl Stearate, Sorbitol, us Annuus Hybrid Oil. Isopropyl Myrista

5 Emulgatoren machen Cremes geschmeidig.

1 **a)** Nenne aus deinem Alltag Gemische aus Öl und Wasser, die Emulgatoren enthalten.
  b) Begründe jeweils die Notwendigkeit für den Einsatz von Emulgatoren.

2 Nenne drei Emulgatoren, die in Lebensmitteln verwendet werden.

1 Verschiedene Molekül-Modelle mit der gleichen Summenformel C_6H_{14}

Die Vielfalt der Kohlenwasserstoffe

Die Isomere

Baust du mit dem Molekülbaukasten das Modell des Hexans, hast du verschiedene Möglichkeiten, die Kohlenstoff-Atome zusammenzustecken. In Bild 1 sind diese unterschiedlich verzweigten Moleküle dargestellt. Sie besitzen dieselbe Summenformel C_6H_{14}, unterscheiden sich jedoch in der Anordnung ihrer Kohlenstoff-Atome. Moleküle mit der gleichen Summenformel aber unterschiedlicher Struktur heißen **Isomere**. Für das Hexan gibt es fünf mögliche Isomere. Das unverzweigte Hexan heißt auch normal Hexan oder n-Hexan. Die Isomere mit verzweigter Kette heißen Isohexane.

$$H_3C - CH_2 - CH_2 - CH_3$$
n-Butan

$$
\begin{array}{c}
CH_3 \\
| \\
H_3C - CH - CH_3
\end{array}
$$
Isobutan

2 Butan besitzt zwei Isomere.

Vielfalt der Isomere

Für Butan gibt es zwei Isomere, das n-Butan und das Isobutan (→ Bild 2). Für Pentan gibt es drei Isomere, für Decan 75 und für Eicosan mit der Summenformel $C_{20}H_{42}$ gibt es über 300000 Isomere. Je größer die Anzahl der Kohlenstoff-Atome in einem Alkan-Molekül ist, desto mehr Möglichkeiten gibt es diese anzuordnen. Die Anzahl der Isomere steigt mit der Anzahl der Kohlenstoff-Atome. Da es für Hexan fünf Isomere gibt, ist es wichtig sie richtig zu benennen. So kannst du die Isomere unterscheiden.

Benennen von Isomeren

Das einfachste Isomer mit der Summenformel C_6H_{14} ist das n-Hexan oder kurz Hexan. Es besteht aus einer langen unverzweigten Kohlenstoff-Kette.
Die längste unverzweigte Kohlenstoff-Kette heißt **Hauptkette**. Die Kohlenstoff-Atome nummerierst du von links nach rechts. Dadurch kannst du die genaue Position jedes Kohlenstoff-Atoms in einem Molekül angeben.

Isomere mit Seitenketten

Die anderen Isomere des Hexans haben Verzweigungen. Zunächst bestimmst du den Namen der längsten Kohlenstoff-Kette. Danach zählst du ab, an welchem Kohlenstoff der Hauptkette die Verzweigung beginnt. Dort beginnt die **Seitenkette**. In Bild 3 besteht die längste Kette aus fünf Kohlenstoff-Atomen. Es handelt sich um Pentan. In Bild 3 befindet sich am zweiten Kohlenstoff-Atom eine Seitenkette mit einem Kohlenstoff-Atom. Diese Seitenkette heißt **Methylgruppe**. Sie leitet sich vom Methan ab. Enthält die Seitenkette zwei Kohlenstoff-Atome, heißt die Seitenkette **Ethylgruppe**, mit drei Kohlenstoff-Atomen **Propylgruppe**. Das Alkan in Bild 3 heißt somit 2-Methylpentan.

Isomere mit vielen Seitenketten

Ein Isomer kann mehrere Seitenketten besitzen. Das Isomer in Bild 4 besitzt vier Kohlenstoff-Atome in der längsten Kette. Seine Hauptkette ist Butan. Zusätzlich hat es zwei Methylgruppen am zweiten und dritten Kohlenstoff-Atom. Daher verwendest du die Vorsilbe „di". Dieses Isomer des Hexans heißt 2,3-Dimethylbutan.

Alkene und Alkine

In Alkanen sind Kohlenstoff-Atome durch Einfachbindungen verbunden. Es gibt auch **Doppelbindungen** oder **Dreifachbindungen** zwischen den Kohlenstoff-Atomen. Verbindungen mit C=C-Doppelbindungen heißen **Alkene**, solche mit C≡C-Dreifachbindungen heißen **Alkine** (→ Bild 5).

3 2-Methylpentan

4 2,3-Dimethylbutan

Name	Strukturformel	Summenfomel
Ethen	$H_2C=CH_2$	C_2H_4
Propen	$H_2C=CH-CH_3$	C_3H_6
Ethin	$HC≡CH$	C_2H_2
Propin	$HC≡C-CH_3$	C_3H_4

5 Formeln einiger Alkene und Alkine

> Moleküle mit gleicher Summenformel, aber unterschiedlicher Struktur heißen Isomere. Alkene sind Kohlenwasserstoffe mit Doppelbindungen, Alkine sind Kohlenwasserstoffe mit Dreifachbindungen.

1 **a)** Erläutere den Begriff Isomer.
b) Beschreibe am Beispiel des Alkans Butan, was mit den Begriffen n-Alkan und Isoalkan gemeint ist.

2 **a)** Zeichne die Strukturformeln aller Isomere mit der Summenformel C_5H_{12}.
b) Benenne alle Isomere mit der Summenformel C_5H_{12}.
II c) Zeichne die Isomere in Bild 1 in dein Heft und benenne sie.

3 **II** Begründe, dass es von Methan, Ethan und Propan keine Isomere gibt.

Starthilfe zu 3:
Zeichne die Alkane, damit du sie dir besser vorstellen kannst.

A Verzweigte Alkane benennen

A
$$H_3C - CH - CH_2 - CH_3$$
$$\quad\quad\quad | \quad\quad\quad$$
$$CH_3$$

B
$$CH_3$$
$$|$$
$$CH_2$$
$$|$$
$$H_3C - CH_2 - CH - CH_2 - CH_2 - CH_3$$

C
$$CH_3$$
$$|$$
$$H_3C - CH_2 - C - CH_2 - CH_2 - CH_3$$
$$|$$
$$CH_3$$

D
$$H_3C - CH - CH_2 - CH_2 - CH_2 - CH_2 - CH_2 - CH_3$$
$$\quad\quad |$$
$$CH_2$$
$$|$$
$$CH_2$$
$$|$$
$$CH_3$$

E
$$CH_3$$
$$|$$
$$H_3C - C - CH_2 - CH_2 - CH_3$$
$$|$$
$$CH_3$$

1 Isomere verschiedener Alkane

Genau wie bei der Reihe der Alkane können auch die Seitenketten der Isomere lange Ketten aus Kohlenstoff-Atomen bilden. Seitenketten heißen auch **Alkylgruppe**. So gibt es die Methylgruppe, die Ethylgruppe, die Propylgruppe, die Butylgruppe und so weiter.

1 a) Nenne für die Alkane in Bild 1 jeweils den Namen der Hauptkette.
b) Nenne für die Alkane in Bild 1 jeweils die Anzahl und die Namen der Seitenketten.

2 a) Nenne die Summenformeln für die Alkane in Bild 1.
b) Benenne die Alkane.
c) Nenne zu jedem Alkan das jeweilige n-Alkan.

3 ‖ a) Finde zu den Alkanen A und E alle weiteren Isomere.
‖ b) Zeichne ihre Strukturformel und benenne sie.

B VAN-DER-WAALS-Wechselwirkungen bei verzweigten Isomeren

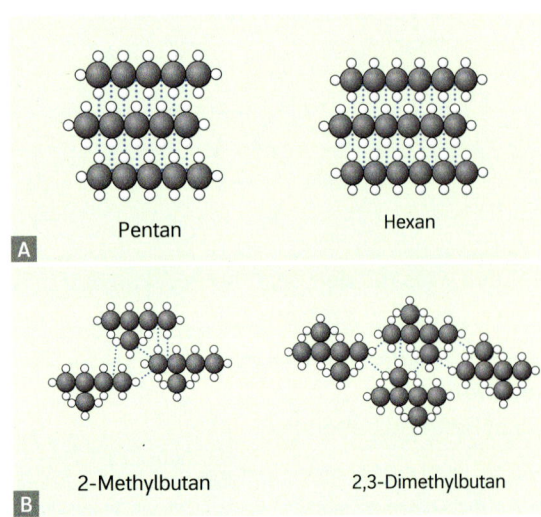

A Pentan   Hexan

B 2-Methylbutan   2,3-Dimethylbutan

2 Wechselwirkungen bei verzweigten Isomeren.

Zwischen verzweigten Isomeren bilden sich weniger VAN-DER-WAALS-Wechselwirkungen aus als zwischen unverzweigten Isomeren.

1 Begründe, bei welchen der Isomeren in Bild 2A und 2B die VAN-DER-WAALS-Wechselwirkungen jeweils stärker wirken.

2 ‖ a) Ordne die Siedetemperaturen den Stoffen in Bild 2 A und B zu:
Bild 2 A: 69 °C, 36 °C
Bild 2 B: 28 °C, 58 °C
‖ b) Ordne die Stoffe nach steigender Dickflüssigkeit.

C Isomere mit dem Molekülbaukasten bauen und unterscheiden

 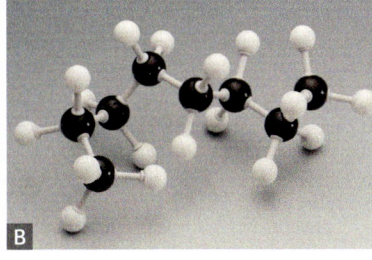 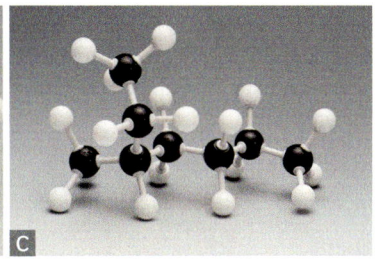

3 **A** bis **C** Isomere verschiedener Alkane

① **a)** Ordne den Isomeren in Bild 3 A bis C die richtige Strukturformel in Bild 4 A bis C zu.
b) Benenne die Isomere.

② **a)** Baue mit dem Molekülbaukasten ein Isomer des Butan-Moleküls.
‖ b) Zeichne seine Strukturformel und benenne das Isomer.
‖ c) Baue, zeichne und benenne alle Isomere des Heptan-Moleküls.

4 **A** bis **C** Strukturformeln verschiedener Alkane

D Die allgemeine Summenformel

	Alkan	Alken	Alkin
Name	Ethan	Ethen	Ethin
Strukturformel	$H-\overset{\overset{H}{\vert}}{\underset{\underset{H}{\vert}}{C}}-\overset{\overset{H}{\vert}}{\underset{\underset{H}{\vert}}{C}}-H$	$\overset{H}{_H}\!\!>\!C=C\!<\!\overset{H}{_H}$	$H-C\equiv C-H$
Summenformel	C_2H_6	C_2H_4	C_2H_2
allgemeine Summenformel	$C_nH_{2\cdot n+2}$	$C_nH_{2\cdot n}$	$C_nH_{2\cdot n-2}$

5 Alkane, Alkene und Alkine besitzen eine allgemeine Summenformel.

Mithilfe der allgemeinen Summenformel kannst du feststellen, ob es sich um Alkan, Alken oder Alkin handelt. Dazu ersetzt du das n in der Formel mit der Anzahl der Kohlenstoff-Atome.

① **‖ a)** Beurteile, ob es sich bei den Summenformeln um Alkane, Alkene oder Alkine handelt: C_3H_6, C_3H_8, C_4H_6, C_4H_8, C_6H_{12}, C_6H_{10}.
‖‖ b) Benenne die Stoffe in Aufgabe 1a.

1 Ein Tanker mit Flüssiggas legt an einem LNG-Terminal an.

Entstehung von Verwendung von Methan

Ein Gas mit vielen Namen

Erdgas, Sumpfgas, Biogas oder Grubengas sind Gasgemische die zum größten Teil aus **Methan** bestehen. Methan (CH_4) ist ein farbloses und geruchloses Gas. Die unterschiedlichen Namen der Gase deuten an, wie sie entstehen und für welche Zwecke sie verwendet werden. Erdgas wird für das Kochen, Heizen oder zur Stromerzeugung genutzt. Sumpfgas entsteht in Umgebungen wie Sümpfen. Biogas wird bei der Zersetzung von organischen Abfällen in Biogasanlagen produziert. Grubengas entsteht durch die Zersetzung von Kohlenstoffverbindungen in Gestein und kommt hauptsächlich im Bergbau vor.

2 Gefrorenes Methanhydrat in Gestein

Entstehung von Methan

Methan entsteht durch biologische Prozesse. In Sümpfen, auf Reisfeldern und im Verdauungstrakt von Tieren, wie Kühen produzieren Mikroorganismen Methan. Sie heißen **Methanogene**. Wenn kein Sauerstoff vorhanden ist, zersetzen sie organische Stoffe, wie abgestorbene Pflanzen und Lebewesen und produzieren dabei Methan. In den ständig gefroreren Böden Sibiriens lagert viel Methan, das vor langer Zeit durch Methanogene entstanden ist. Durch die Klimaerwärmung taut der Boden auf und setzt große Mengen dieses Methans teilweise explosionsartig frei. Dadurch entstehen große Löcher im Boden. Auch in der Tiefsee erzeugen Methanogene Methan. Durch hohen Druck und Temperaturen zwischen 2 bis 4 °C wird das gasförmige Methan zu Methaneis, **Methanhydrat** (→ Bild 2) gepresst. In Methanhydrat ist Methan von Eiskristallen umschlossen. Methan kommt auch in Erdgasfeldern vor. Es wird durch die Förderung und Nutzung von fossilen Brennstoffen wie Erdgas, Kohle, Erdöl und Methanhydrat freigesetzt. Auch auf Müllhalden entsteht Methan.

Name	Methan
Summenformel	CH_4
Strukturformel	$\begin{array}{c} H \\ | \\ H - C - H \\ | \\ H \end{array}$
Aggregatzustand bei 20°C	gasförmig
Schmelztemperatur	- 182°C
Siedetemperatur	- 162°C

3 Steckbrief von Methan (CH_4)

4 Blasen gefüllt mit Methan in einem zugefrorenen See in Sibirien

Verwendung von Methan

Eine der wichtigsten Verwendungen von Methan ist als Energieträger. Methan ist der Hauptbestandteil von Erdgas, das zur Erzeugung von Wärme und Strom verbrannt wird. In der chemischen Industrie wird Methan als Ausgangsstoff zur Herstellung von Wasserstoff und Methanol verwendet. Der gewonnene Wasserstoff kann für die Produktion von Ammoniak für Düngemittel und in der Raffination von Erdöl verwendet werden. Methan kann verflüssigt werden, wenn es stark komprimiert und auf -162°C abgekühlt wird (→ Bild 3). Das flüssige Gas kann zum Antreiben von Fahrzeugen oder als Kühlmittel in Klimaanlagen verwendet werden. Flüssiges Gas nimmt ein geringeres Volumen ein als die selbe Stoffmenge in gasförmigem Zustand, da die Moleküle dichter zusammen liegen. Flüssiges Erdgas wird auch **Liquified Natural Gas (LNG)** genannt.

Einfluss auf die Umwelt

Ebenso wie Kohlenstoffdioxid verstärkt Methan in der Atmosphäre den Treibhauseffekt. Die Wirkung von Methan ist ungefähr 25 bis 30 mal so stark, wie die selbe Menge Kohlenstoffdioxid. Der Anteil von Methan in der Atmosphäre hat sich seit 1750 mehr als verdoppelt. Bei der Förderung von fossilen Brennstoffen wie Erdöl, wird ein Teil des Methans abgefackelt. Der andere Teil gelangt ungewollt in die Atmosphäre. In der Massentierhaltung von Rindern stoßen die Tiere große Mengen Methan aus. Auch durch Lecks in Erdgaspipelines oder beim Transport entweicht Methan in die Atmosphäre.

> Methan ist der Hauptbestandteil von Erdgas. Es entsteht durch natürliche Prozesse und wird als Brennstoff und als Rohstoff für die chemische Industrie benötigt.

1 Beschreibe, unter welchen Voraussetzungen Methan entstehen kann.

2 ‖ Nenne den Namen der Bakterien, die Methan produzieren.

3 ‖ Nenne Möglichkeiten für die Verwendung von Methan.

4 ‖ Nenne die Aggregatzustände von Methan bei 20 °C, -190 °C und -100 °C.

Starthilfe zu 4:
Beachte den Steckbrief von Methan.

5 ‖ Erkläre, auf welche Weisen Methan freigesetzt werden kann.

A Methan als Energieträger

Brennstoff	Heizwert (in Megajoule/kg)
Braunkohle	20
Steinkohle	30
Alkohol (Ethanol)	27
Diesel, Heizöl	43
Benzin	42
Erdgas	40
Methan	50
Wasserstoff	120

1 Heizwerte von verschiedenen Brennstoffen

Mit dem Heizwert wird angegeben, wieviel Wärmeenergie freigesetzt wird, wenn eine bestimmten Menge Brennstoff verbrannt wird.

1 Stelle die Werte in der Tabelle in digitaler Form dar. Dazu kannst du ein Programm zur Tabellenkalkulation nutzen.

2 ‖ Nenne Vor- und Nachteile bei der Verwendung von Methan als Brennstoff zur Energiegwinnung.

3 ‖‖ Der Hauptbestandteil von Erdgas ist Methan. Stelle eine Vermutung auf, weshalb Erdgas und Methan unterschiedliche Heizwerte in der Tabelle haben.

B Biogas als Alternative zu fossilen Brennstoffen

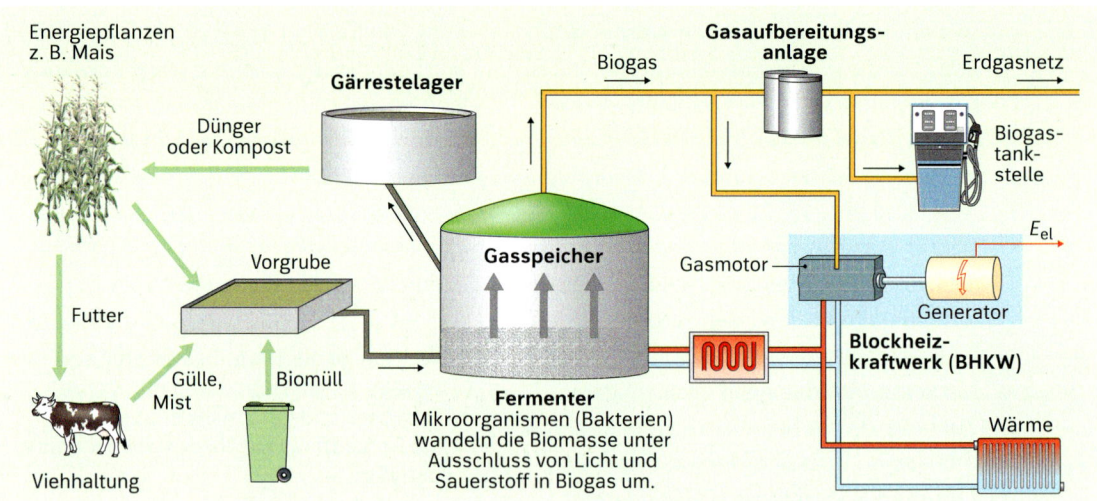

2 Das Funktionsprinzip einer Biogasanlage

Biogas wird durch Vergärung von Gülle, Mist und Klärschlamm oder von speziell für diesen Zweck angebauten Mais oder Raps gewonnen werden.

1 Beschreibe die Herstellung und Verwendung von Biogas.

2 ‖ Stelle eine Vermutung an, weshalb die Verbrennung von Biogas als klimaneutral bezeichnet wird.

3 ‖‖ Nimm Stellung zum Anbau von Energiepflanzen, die nur für die Biogasgewinnung verwendet werden.

C Methanhydrat

Auf der Suche nach ungenutzten fossilen Brennstoffvorkommen, stieß man in der Tiefsee auf riesige Vorkommen von Methanhydrat.

1 Erläutere, weshalb Methanhydrat auch brennendes Eis genannt wird.

2 ‖ Methanhydrat soll als Brennstoff aus der Tiefsee gefördert werden. Beschreibe mögliche Gefahren bei der Förderung und Nutzung von Methanhydrat.

3 ‖‖ Erkläre, wie die Klimaerwärmung dazu beiträgt, dass zunehmend mehr Methan in die Atmosphäre freigesetzt wird.

3 Brennendes Methanhydrat

D Die Struktur des Methan-Moleküls

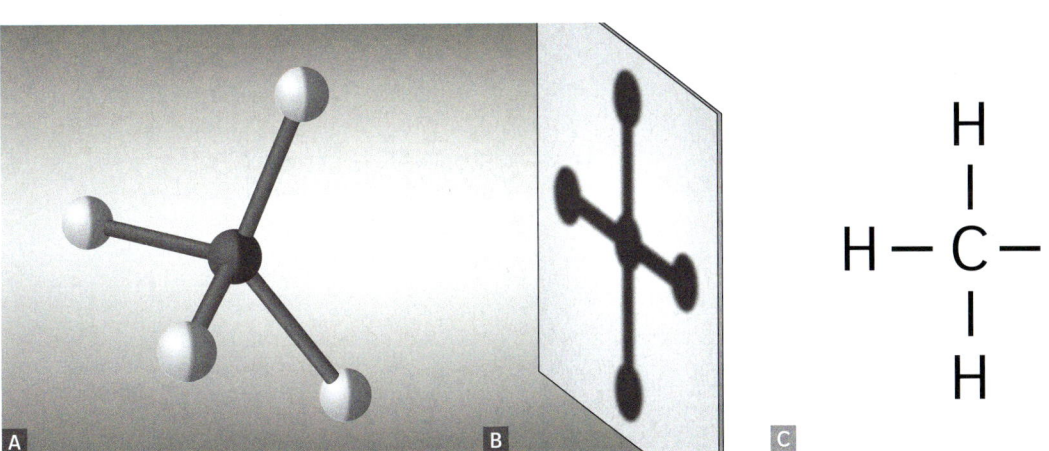

4 Methan-Molekül: **A** räumliche Darstellung, **B** Projektion, **C** Strukturformel

Das räumliche Modell des Methan-Moleküls zeigt, dass die Bindungen in gleichen Abständen vom Kohlenstoff-Atom wegzeigen (Bild 4A). Der Winkel zwischen den Bindungen beträgt überall 109°. Er wird **Tetraederwinkel** genannt.

Wird das Methan-Modell von links beleuchtet, entsteht eine Projektion, in der die Bindungen in einem Winkel von 90° stehen (Bild 4B). Diese Projektion ähnelt der Strukturformel von Methan (Bild 4C).

1 Gib den Bindungswinkel im Methan-Molekül an und nenne seinen Fachbegriff.

2 ‖ Beschreibe den Unterschied zwischen Bild 4A und 4B.

1 Erdgas wird beim Kochen genutzt.

Eigenschaften von Alkanen

Methan und Heptan

Alkane sind wichtige Ausgangsstoffe für viele Produkte der chemischen Industrie. Die meisten Alkane werden jedoch verbrannt. Das bekannteste gasförmige Alkan ist das Methan (CH_4). Erdgas, das hauptsächlich aus Methan besteht, wird zum Beheizen von Haushalten oder beim Kochen verbrannt (→ Bild 1). In Gaskraftwerken wird die chemisch gespeicherte Energie des Erdgases in elektrische Energie und Wärme umgewandelt. Benzin ist ein Gemische aus flüssigen Alkanen, wie zum Beispiel Pentan, Hexan und Heptan. Benzin wird zum Antreiben von Verbrennungsmotoren genutzt (→ Bild 2).

2 Ein Auto wird mit Benzin betankt.

Verbrennung von Alkanen

Bei der Verbrennung reagieren Alkane mit dem Sauerstoff aus Luft zu Kohlenstoffdioxid und Wasser. Dabei wird Energie (E) in Form von Wärme und Licht freigesetzt. Es handelt sich um eine exotherme Reaktion. Für das einfachste Alkan, das Methan, ist die Reaktionsgleichung der Verbrennung:

$$CH_4 + 2\,O_2 \rightarrow CO_2 + 2\,H_2O + E$$

Aus einem Methan-Molekül entsteht bei der Verbrennung ein Kohlenstoffdioxid-Molekül. In einem Heptan-Molekül sind sieben Kohlenstoff-Atome mit 16 Wasserstoff-Atomen gebunden.
Für die Verbrennung von Heptan lautet die Reaktionsgleichung:

$$C_7H_{16} + 11\,O_2 \rightarrow 7\,CO_2 + 8\,H_2O + E$$

Je größer der Kohlenstoffanteil in einem Molekül ist, desto mehr Kohlenstoffdioxid entsteht bei der Verbrennung.

Unvollständige Verbrennung

Alkane können unvollständig verbrennen, wenn nicht genug Sauerstoff bei der Verbrennung zur Verfügung steht. Dabei entstehen die Stoffe Kohlenstoffmonooxid (CO), reiner Kohlenstoff (C) in Form von schwarzem Ruß (→ Bild 3) und ebenfalls Wasser. Außerdem wird dabei weniger Energie freigesetzt, als bei der vollständigen Verbrennung. Eine unvollständige Verbrennung ist deshalb weniger effizient als eine vollständige Verbrennung. Je vollständiger Benzin in einem Motor verbrennt, desto weniger Ruß entsteht und desto mehr Energie wird umgewandelt.

3 Ruß durch eine unvollständige Verbrennung

Wasserlöslichkeit von Alkanen

In einem Wasser-Molekül zieht Wasserstoff wegen seiner höheren Elektronegativität (EN) die Elektronen im Molekül stärker zu sich. Dadurch verschieben sich die Elektronen im Molekül und es entsteht auf der einen Seite des Moleküls eine negative Teilladung und auf der andere Seite eine positive Teilladung. Deshalb ist das Wasser-Molekül **polar** (→ Bild 4A). Welche Art der Bindung ein Molekül bildet, kannst du auf Seite 14 in Bild 1 und Bild 2 ablesen. Wasser ist ein gutes Lösemittel für Stoffe wie Zucker oder Kochsalz (Natriumchlorid). Auch diese Teilchen dieser Stoffe tragen Teilladungen oder Ladungen.
In Alkan-Molekülen gibt es kaum Ladungsverschiebungen. Die Elektronen sind in Alkan-Molekülen gleichmässig verteilt. Die Bindungen sind **unpolar** (→ Bild 4B). Nach dem Grundsatz "Gleiches löst sich in Gleichem" löst sich ein Alkan deshalb nicht in Wasser, dafür aber in anderen Alkanen. Alkane eignen sich deshalb auch zum Lösen von Fetten und Ölen.

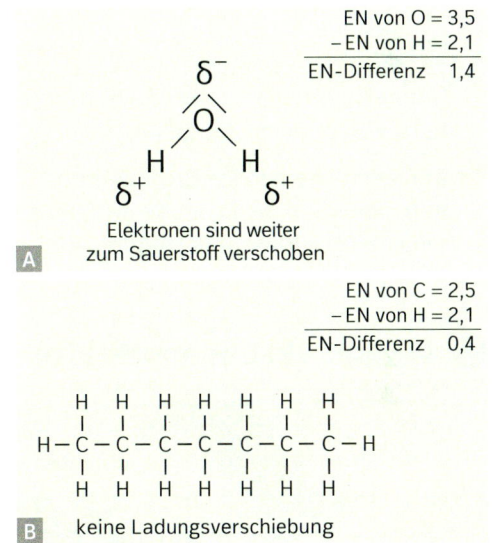

4 A Polares Wasser-Molekül, **B** unpolares Heptan-Molekül

> Beim Verbrennen von Alkanen wird Energie in Form von Wärme frei. Alkane sind aufgrund ihrer unpolaren Eigenschaften nicht wasserlöslich.

1 Nenne die Stoffe, die bei der Verbrennung von Alkanen entstehen können.

2 Stelle die Reaktionsgleichung für die vollständige Verbrennung von Hexan auf.

3 ❙❙ Erkläre am Beispiel von Heptan, weshalb sich Alkane nicht in Wasser lösen.

Starthilfe zu 3:
Beginne zum Beispiel mit dem Satz: "Alkane bilden ... Bindungen aus, Wasser bildet dagegen ... ."

A Verbrennungsprodukte nachweisen

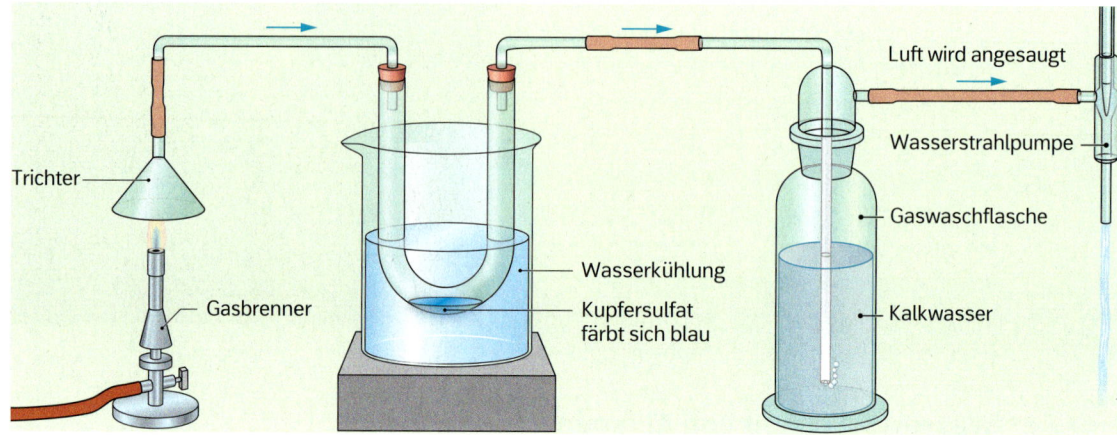

Trichter

Gasbrenner

Luft wird angesaugt

Wasserstrahlpumpe

Gaswaschflasche

Wasserkühlung

Kupfersulfat
färbt sich blau

Kalkwasser

1 Versuchsaufbau zum Nachweisen der Verbrennungsprodukte von Alkanen

1 Nenne die Produkte, die bei der Verbrennung von Alkanen entstehen.

2 **a**) Beschreibe den Versuchsaufbau.
‖ **b**) Erläutere die Funktion der Wasserkühlung und der Wasserstrahlpumpe.

3 ‖ Erläutere, wie mit dem Versuch die Produkte bei der vollständigen Verbrennung von Propan nachgewiesen werden können.

B Alkane als Lösemittel für Öle und Fette

2 Eine Fahrradkette wird geölt.

Damit eine Fahrradkette nicht rostet und sich leicht bewegt wird sie mit Kettenöl geschmiert. Durch Regenwasser wird das Öl nicht von der Kette gelöst. Ist die Fahrradkette verschmutzt, muss sie neu geölt werden. Davor muss jedoch das alte Öl entfernt werden. Kettenöl besteht aus langen Kohlenwasserstoff-Ketten. Es lässt sich mit Waschbenzin, das aus Pentan, Hexan und Heptan besteht, leicht entfernen.

1 Nenne die Stoffgruppe, zu der die Stoffe Pentan, Hexan und Heptan gehören.

2 Erkläre, warum eine gut geölte Fahrradkette nicht rostet.

3 ‖ Erläutere, weshalb Kettenöl mit Waschbenzin entfernt werden kann.

4 ‖ Waschbenzin darf nicht in die Kanalisation gelangen. Recherchiere, wo du gebrauchtes Waschbenzin entsorgen kannst.

IM ALLTAG

Gasgemische im Alltag

Camping-Gaskocher

Für Camping-Gaskocher gibt es Gaskartuschen die mit Butan oder Propan gefüllt sind. Die Wahl des richtigen Gases für Camping-Gaskocher hängt von den erwarteten Außentemperaturen ab. Die beiden Gase haben unterschiedliche Siede- und Schmelztemperaturen. Bei Temperaturen deutlich unter 0 °C wird flüssiges Butan nicht gasförmig. Auch der Druck in Butan- und Propankartuschen ist unterschiedlich. In Butankartuschen herrscht ein Druck von ungefähr 2 bar, in Propankartuschen sind es ungefähr 8 bar. Damit die Kartuschen durch den Druck nicht platzen, müssen Propankartuschen dickere Wände haben als Butankartuschen. Dadurch sind diese Kartuschen etwas schwerer.

3 Gaskocher beim Campen

	Propan	n-Butan
Summenformel	C_3H_8	C_4H_{10}
Siedetemperatur in °C	-42,1	-0,5
Schmelztemperatur in °C	-187,7	-138,3
Löslichkeit in Wasser	sehr schlecht	fast unlöslich

4 Eigenschaften von Butan und Propan

Feuerzeug-Gas

In einem transparenten Feuerzeug, kannst du eine Flüssigkeit erkennen. Dabei handelt es sich oft um flüssiges Butan. Der Tank eines Feuerzugs steht unter Druck. Dadurch ist das Butan flüssig. In unserer Atmosphäre herrscht auf Meereshöhe, also auf 0 m Höhe, ein Druck von ungefähr 1 bar. Bei einem Druck von 1 bar ist Butan gasförmig. In Feuerzeugen, die mit Butan befüllt sind, herrscht ein Druck von ungefähr 1,5 bis 2,1 bar. Drückt man oben auf das Feuerzeug, strömt das unter Druck stehende, flüssige Butan nach außen. Durch den niedrigeren Druck in der Atmosphäre (1 bar) wird es wieder gasförmig und kann durch einen Funken entzündet werden.

5 Feuerzeuge stehen unter Druck.

1 Nenne Vor- und Nachteile von Butankartuschen gegenüber Propankartuschen beim Campen.

2 ‖ Begründe, weshalb sich Butan nicht zum Kochen bei Temperaturen unter 0°C eignet.

3 ‖ Erläutere den Unterschied zwischen Siedetemperatur und Schmelztemperatur am Beispiel von Butan.

4 ‖ Erkläre, weshalb Butan in Tanks von Feuerzeugen flüssig ist.

Digital+
Film

1 Äpfel in einer Tüte aus Kunststoff

Kunststoffe aus Kohlenwasserstoffen

Alkene in der Natur

Ethen ist ein gasförmiges Alken, das in einigen Pflanzenarten vorkommt. Sind diese Pflanzen reif, verströmen sie Ethen. Dazu gehören zum Beispiel Birnen, Tomaten, Erdbeeren oder Äpfel (→ Bild 1). Bananen werden unreif geerntet, damit sie von den Anbaugebieten in Südamerika in die ganze Welt transportiert werden können. Im Zielland werden sie dann mit Ethen behandelt, damit sie schnell reif werden. In Bild 2 beschleunigen die Birnen das Reifen der Bananen.

Reaktionsfreudige Alkene

Alkene unterscheiden sich durch ihre C=C-Doppelbindung von den Alkanen (→ Bild 3). Wegen dieser Doppelbindung sind die Alkene sehr reaktionsfreudig. Ethen hat zwei Wasserstoff-Atome weniger als das Ethan. Alkene heißen deshalb auch **ungesättigte** Kohlenwasserstoffe. Alkane sind **gesättigte** Kohlenwasserstoffe. Die Doppelbindungen in Alkenen können leicht aufbrechen und mit anderen Atomen reagieren. Diese Eigenschaft wird genutzt um Kunststoffe herzustellen.

2 Ethen beschleunigt das Reifen.

Alkane	Alkene
Ethan C_2H_6	Ethen C_2H_4
Propan C_3H_8	Propen C_3H_6

3 Vergleich von Alkanen und Alkenen.

Monomere			Polymer

4 Die Doppelbindungen brechen auf und die Monomere binden sich aneinander.

Die Polymerisation

Eine wichtige Reaktion in der chemischen Industrie ist die **Polymerisation**. Bei der Polymerisation entsteht aus vielen gleichartigen Molekülen, den **Monomeren**, eine lange Molekülkette, das **Polymer**. Die Doppelbindung eines Alkens wird gespalten und verbindet sich mit einem weiteren Alken. Aus mehreren Ethen-Monomeren entsteht **Polyethen** (→ Bild 4). Die Kette setzt sich immer weiter fort. Das fertige Polyethen-Molekül besteht aus bis zu hunderttausend Ethen-Monomeren. Die sich **wiederholende Einheit** von Polyethen ist $(C_2H_4)_n$. Der Buchstabe n gibt an, wieviele Ethen-Moleküle sich zum Polyethen verbunden haben.

Kunststoffe aus Polymeren

Polyethen gehört zur Gruppe der Kunststoffe. Verpackungsfolien, Tragetaschen und viele weitere Gegenstände werden aus dem Kunststoff Polyethen hergestellt. Er wird mit **PE** abgekürzt. Das Wort "Poly" kommt aus dem Griechischen und bedeutet "viel". Weitere wichtige Polymere im Alltag sind Polypropen, Polyvinylchlorid und Polystyrol.

Polypropen wird aus dem Alken Propen hergestellt. Seine wiederholende Einheit ist ist $(C_3H_6)_n$.

> Monomere mit einer Doppelbindung können zu Polymeren reagieren. Wichtige Polymere sind Polyethen (PE) und Polypropen (PP).

1. **a)** Beschreibe wo Alkene natürlich vorkommen.
   b) Beschreibe, wofür das Alken Ethen verwendet werden kann.

2. Die Äpfel in Bild 1 sind in Kunststoff verpackt. Nenne Vor- und Nachteile der Kunststoffverpackung.

3. Beschreibe wie sich Alkane und Alkene in ihrer Struktur unterscheiden.

4. ‖ Erläutere den Unterschied zwischen gesättigten und ungesättigten Kohlenwasserstoffen mithilfe eines Beispiels.

5. **a)** Erkläre die Begriffe Monomer und Polymer.
   b) Beschreibe, durch welche chemische Reaktion aus einem Monomer eine Polymer hergestellt werden kann.
   ‖ **c)** Nenne zwei Monomere und zeichne ihre Strukturformel.

Starthilfe zu 4:
Strukturformel von
Propen: $H_2C=CH-CH_3$

A Kunststoffe für verschiedene Anwendungszwecke

A Thermoplaste	B Duromere	C Elastomere

1 Modelle verschiedener Kunststoffe: **A** Thermoplaste, **B** Duromere, **C** Elastomere

1 **a)** Beschreibe das Aussehen der drei Kunststoffe in Bild 1.
b) Stelle Vermutungen über die Eigenschaften der Kunststoffe aufgrund ihres Namens an.

2 Ordne die Kunststoffe in Bild 1 den Steckbriefen in in Bild 3 zu. Begründe deine Entscheidung.

- sind hart und spröde
- verformen sich nicht oder schmelzen nicht bei großer Hitze
- verkohlen bei hohen Temperaturen
Beispiele: Steckdosen, Topfgriffe, Schutzhelme

- leicht verformbar und verhalten sich dabei elastisch
- nehmen nach Krafteinwirkung ihre ursprüngliche Form wieder an
Beispiele: Silikone, Gummibälle, Autoreifen

- können leicht biegsam oder schwer biegsam sein
- durch Erwärmen leicht verformbar
- schmelzen bevor sie verbrennen
Beispiele: Joghurtbecher, Limonadenflaschen

2 Steckbriefe von Kunststoffen

B Polymerisation verschiedener Alkene

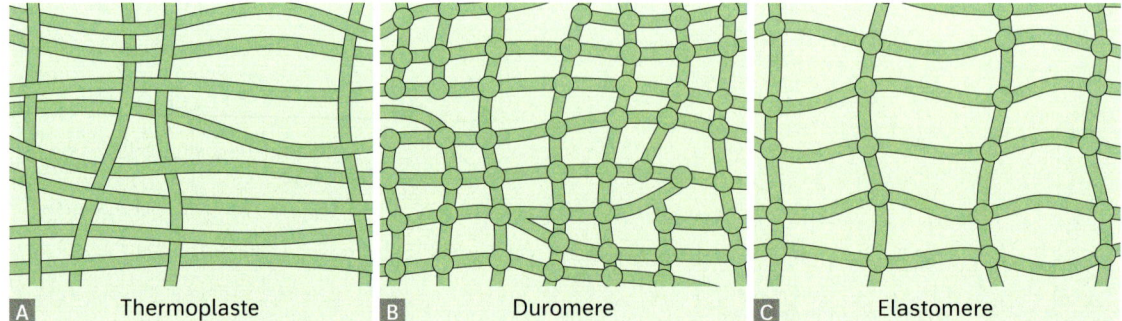

Monomere			
Name des Polymers	Polyethen (PE)	Polyvinylchlorid (PVC)	Polytetrafluorethen (PTFE)

3 Monomere sind Ausgangsstoffe für die Herstellung von Polymeren.

1 Nenne die Summenfomeln der drei Monomere in Bild 3.

2 Zeichne einen Ausschnitt aus den Polymeren Polyethen, Polyvinylchlorid und Polytetrafluorethen.

Kunststoffe: Nutzung und Entsorgung

Verwendung von Kunststoffen

Der erste Kunststoff wurde 1837 hergestellt. Heute gibt es mehr als 200 Sorten. Die Vorteile von Kunststoffen gegenüber anderen Werkstoffen, wie zum Beispiel Metall, sind ihre geringere Dichte, leichtere Formbarkeit und ihre Beständigkeit gegenüber Säuren. 2022 wurden weltweit etwa 367 Millionen Tonnen Kunststoffe produziert. Den größten Teil verwenden wir für Verpackungen.

4 Lebensmittelverpackungen aus Kunststoff

Überall Plastikmüll

Kunststoffe verrotten nur langsam. Bei einer Plastikflasche dauert es etwa 400 Jahre. Auch ihr Recycling ist aufwendig. Von den bis heute produzierten rund 10 Milliarden Tonnen Kunststoff wurden weniger als zehn Prozent recycelt. Der Rest wurde verbrannt oder weggeworfen. So wird viel Müll auf Müllkippen oder ins Meer entsorgt. Täglich landen etwa 20.000 Tonnen Kunststoffe im Meer.

5 Plastikmüll und andere Verpackungen

Klein, kleiner, Mikroplastik

Der schwimmende Kunststoff sammelt sich an bestimmten Stellen in den Ozeanen und bildet Inseln. Die größte liegt im Pazifik. Dort treiben rund 80.000 Tonnen Kunststoffabfälle und es werden täglich mehr. Kunststoffe, die dem Sonnenlicht und Salzwasser ausgesetzt sind, zerfallen in immer kleinere Stücke. Sie sind nur mit einem Mikroskop sichtbar und heißen Mikroplastik. Kleinste Lebewesen, wie Plankton, fressen dieses Mikroplastik und sterben. Auch Fische nehmen das Mikroplastik auf.

6 Tiere nehmen Plastik mit der Nahrung auf.

1 **a)** Suche in Bild 5 Gegenstände, die du selbst schon einmal benutzt hast.
b) Nenne andere Materialien aus denen diese Gegenstände hergestellt werden könnten.
c) Recherchiere nach Kunststoffen, die aus erneuerbaren Rohstoffen hergestellt werden.
d) Nenne Gründe dafür, dass die Verbraucher vergleichsweise selten Kunststoffe aus erneuerbaren Rohstoffen kaufen.

2 **a)** Stelle eine Vermutung an, wie Plastikmüll in das Meer gelangt.
b) Stelle eine Vermutung an, wie Mikroplastik in Lebensmittel gelangt.

1 Ein Auto mit Brennstoffzelle und Batterie

Katalysatoren erleichtern Reaktionen

Brennstoffzellen liefern Energie

Wasserstoff und Sauerstoff reagieren nur wenn Energie zugeführt wird. Kommt als Aktivierungsenergie Wärme, zum Beispiel durch eine Flamme hinzu, entzündet sich das Gasgemisch explosionsartig. Dabei entsteht Wasser. Diese Reaktion kennst du auch als Knallgasprobe. In einer Brennstoffzelle findet die gleiche Reaktion statt. Zum Starten wird jedoch keine Flamme benötigt. Die Reaktion läuft kontrolliert ab. Dabei wird Energie frei, mit der Fahrzeuge angetrieben werden (→ Bild 1) oder Geräte mit Strom versorgt werden.

Der Katalysator

In einer Brennstoffzelle befindet sich das Metall Platin. Es verringert die benötigte Aktivierungsenergie, um die Reaktion zwischen Wasserstoff und Sauerstoff zu starten. Ein Stoff, der die Aktivierungsenergie einer chemischen Reaktion verringert, heißt **Katalysator**. Der Katalysator wird dabei nicht verbraucht. Nach der Reaktion ist das Platin unverändert. In Bild 2 siehst du das Energiediagramm der Reaktion in einer Brennstoffzelle. Durch Katalysatoren können Reaktionen besser gesteuert und Energie eingespart werden.

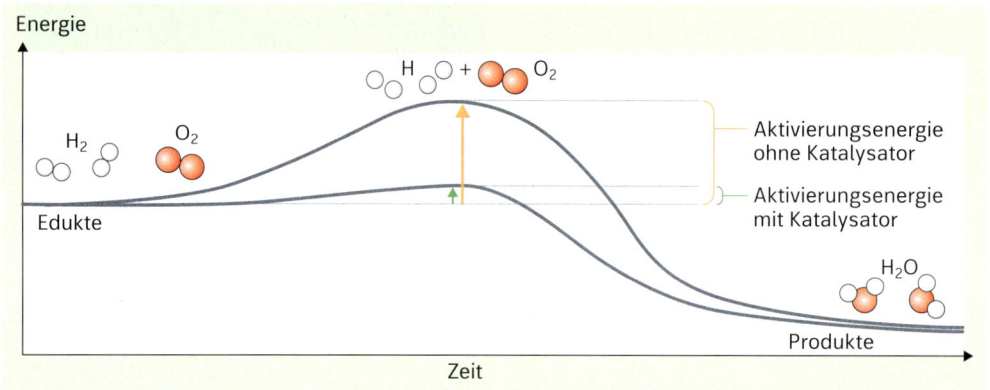

2 Energiediagramm mit und ohne Katalysator.

Wasserstoff (H_2)   Sauerstoff (O_2)   Wasser (H_2O)

Platinoberfläche

3 Die Wasserstoff-Moleküle werden am Platin-Katalysator in Wasserstoff-Atome gespalten.

Funktion eines Katalysators

Damit Wasserstoff und Sauerstoff miteinander reagieren, müssen die Wasserstoff-Moleküle gespalten werden. Durch den Katalysator **Platin** startet die Reaktion ohne Flamme. Sie benötigt zum Starten weniger Energie.

Die Wasserstoff-Moleküle werden an der Oberfläche des Platins in Wasserstoff-Atomen gespalten. Die Wasserstoff-Atome reagieren mit den Sauerstoff-Molekülen aus der Luft. Es entstehen Wasser-Moleküle, die sich vom Katalysator ablösen (→ Bild 3). Der Platin hat sich nach der Reaktion nicht verändert.

Eine Reaktion, die mithilfe eines Katalysators abläuft, heißt **katalytische Reaktion**.

Biologische Katalysatoren

Neben metallischen Katalysatoren, wie zum Beispiel Platin, gibt es auch **biologische Katalysatoren**. Sie beschleunigen die chemischen Reaktionen im Körper und werden nach der Reaktion unverändert zurückgewonnen. **Enzyme** sind die häufigste Art von biologischen Katalysatoren. Sie wirken, indem sie sich an die Edukte einer Reaktion anlagern und dafür sorgen, dass die Reaktion schneller abläuft. Ein Beispiel für ein Enzym ist die Lactase. Sie spaltet den Milchzucker in kleinere Moleküle auf, wie zum Beispiel die Glucose. Diese Stoffe werden im Körper zur Energiegewinnung genutzt.

> Katalysatoren senken die Aktivierungsenergie einer Reaktion. Sie sind nach der Reaktion unverändert.

1. Erläutere, warum Wasserstoff und Sauerstoff ohne Entzünden miteinander reagieren.

2. ‖ Beschreibe die Funktionsweise eines Katalysators.

3. ‖ Erläutere die unterschiedlich hohe Aktivierungsenergie in Bild 2.

4. ‖ Beschreibe den Unterschied zwischen der Knallgasprobe und der Reaktion von Wasserstoff mit dem Katalysator Platin.

Starthilfe zu 1:
Erläutere mithilfe der Aktivierungsenergie.

A Verbrennung ohne Zündflamme

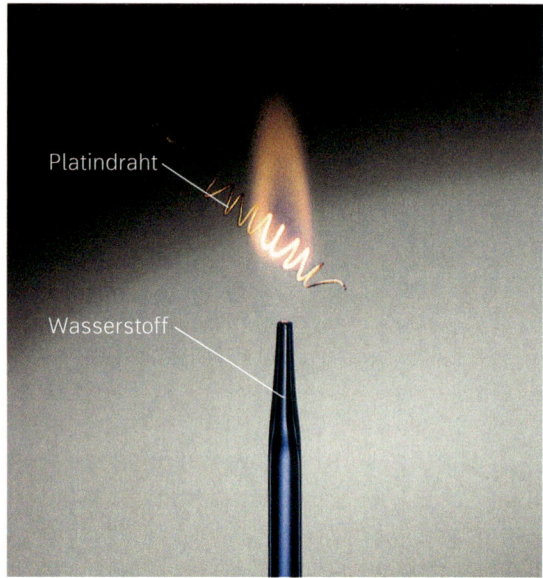

1 Wasserstoff entzündet sich an einem Platindraht.

Beim Versuch in Bild 3 strömt reiner Wasserstoff aus einer Düse an einer Spirale aus Platindraht vorbei. Der Wasserstoff entzündet sich dabei von selbst. Es wird keine zusätzliche Zündflamme benötigt.

❶ Begründe, warum sich der Wasserstoff von selbst entzündet.

❷ ‖ Erläutere, weshalb der Platindraht zu einer Spirale gewickelt wurde.

❸ ‖‖ Zeichne ein Energiediagramm für die Verbrennung von Wasserstoff. Zeichne in das Diagramm beide Energieverläufe mit und ohne Katalysator. Kennzeichne jeweils die Aktivierungsnergie.

B Enzyme helfen beim Waschen

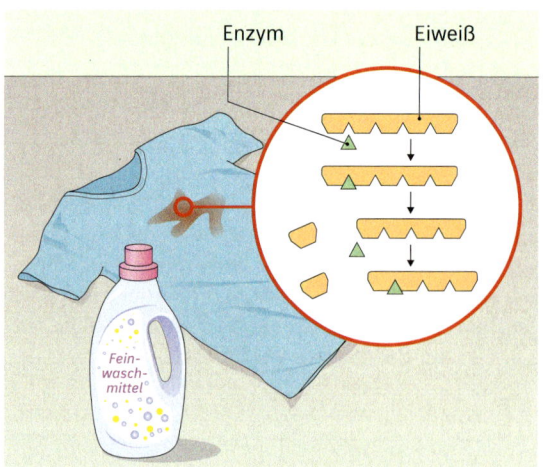

2 Enzyme spalten Eiweiße.

Flecken von Milch, Kakao, Blut oder Ei sind nach dem Eintrocknen fast nicht mehr aus Kleidung zu entfernen. Solche Flecken können aus Eiweiß, Stärke oder Fett bestehen. Diese Stoffe sind schlecht wasserlöslich.
Enzyme helfen beim Waschen. Sie zerlegen große, wasserunlösliche Eiweiß-, Stärke oder Fettmoleküle in kleinere, lösliche Bruchstücke. Dadurch können Flecken schon bei 30 °C und ohne Bleichmittel entfernt werden.

❶ Beschreibe die Wirkung von Enzymen auf Eiweiße.

❷ ‖ Erläutere, wie Enzyme helfen, Energie und Chemikalien einzusparen.

❸ ‖‖ Wolle und Seidefasern bestehen aus Eiweißen. Erläutere, weshalb diese Stoffe nicht mit enzymhaltigen Waschmitteln gewaschen werden dürfen.

C Aufbau eines Abgaskatalysators

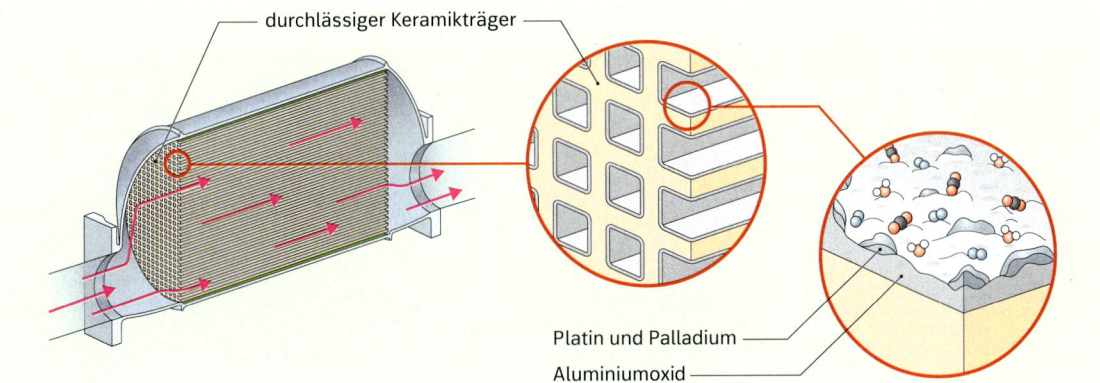

durchlässiger Keramikträger

Platin und Palladium
Aluminiumoxid

3 Querschnitt durch einen Katalysator

1 Beschreibe den Aufbau eines Abgaskatalysators.

2 ▌ Durch eine spezielle Bauweise ist die Oberfläche in einem Abgaskatalysator sehr groß. Stelle eine Vermutung an, welchen Vorteil dies bei der Spaltung der Abgase hat.

D Abgaskatalysatoren wandeln Abgase um

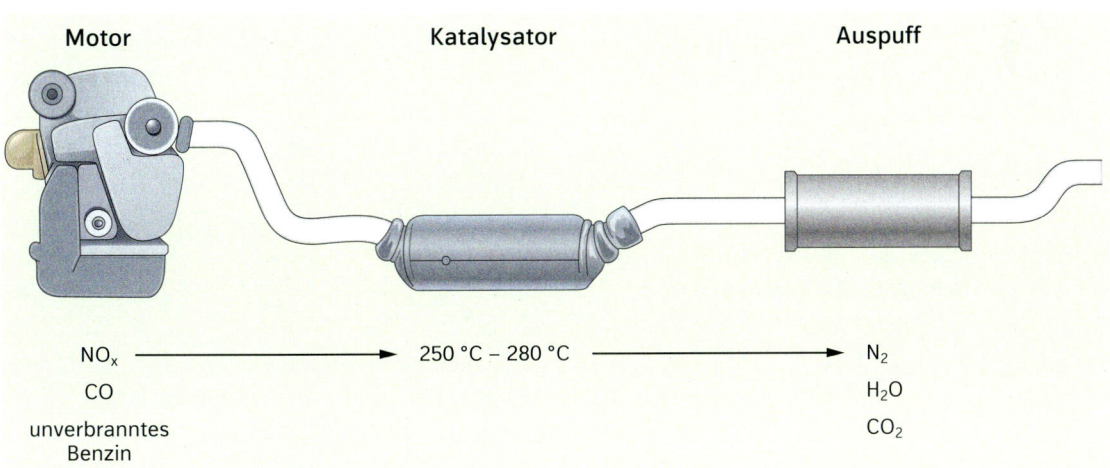

Motor   Katalysator   Auspuff

NO_x → 250 °C – 280 °C → N_2

CO H_2O

unverbranntes Benzin CO_2

4 Abgaskatalysatoren wandeln giftige Abgase in ungiftige Abgase um.

1 Beschreibe die Wirkungsweise eines Abgaskatalysators mithilfe von Bild 4.

2 ▌ Erläutere die Verwendung von Platin und Palladium in einem Abgaskatalysator.

3 ▌ Stelle eine Vermutung an, ob der Abgaskatalysator beim Start einer Autorfahrt optimal funktioniert.

«

Auf einen Blick: Die Kohlenwasserstoffe

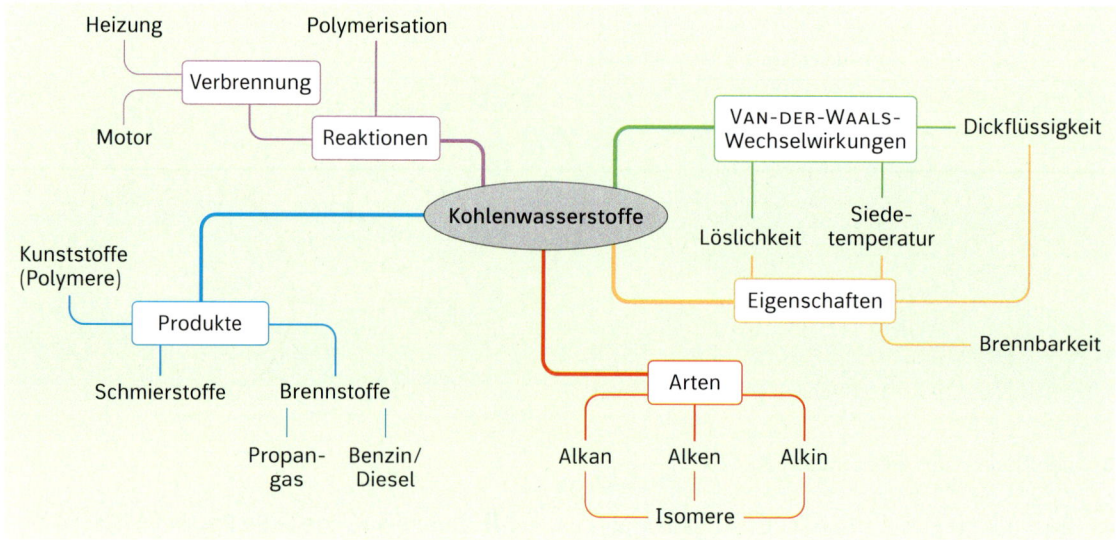

Arten von Kohlenwasserstoffen

Kohlenwasserstoffe sind flüchtige Stoffe mit unpolaren Molekülen, welche nur aus Kohlenstoff- und Wasserstoff-Atomen bestehen. Die Kohlenstoff-Atome bilden dabei eine Kette. Es können aber auch Verzweigungen auftreten. Bei den Alkanen kommen zwischen den Kohlenstoff-Atomen nur Einfachbindungen vor. Alkene besitzen Doppelbindungen. Alkine besitzen Dreifachbindungen.

Die Reihe der Alkane

Die Kohlenstoffketten der Alkane können unterschiedlich lang sein. Die ersten zehn Alkane in der Reihe der Alkane heißen: Methan, Ethan, Propan, Butan, Pentan, Hexan, Heptan, Octan, Nonan und Decan.
Es gibt aber auch Alkane mit Ketten aus über 100 Kohlenstoff-Atomen.

Isomere

Stoffe mit gleicher Summenformel aber unterschiedlicher Anordnung ihrer Atome heißen Isomere. Alle Stoffe, deren Moleküle die Summenformel C_4H_8 haben, sind Isomere des Butans. Der Stoff, dessen Molekül keine Verzweigungen in der Kohlenstoffkette besitzt, ist das n-Butan. Das einzige weitere Isomer des Butans ist das 2-Methylpropan. Seine Strukturformel ist:

$$H_3C - \overset{\displaystyle CH_3}{\underset{\displaystyle H}{\overset{|}{\underset{|}{C}}}} - CH_3$$

Mit zunehmender Anzahl an Kohlenstoff-Atomen ergeben sich immer mehr Kombinationsmöglichkeiten. So gibt es 60523 Isomere mit der Summenformel $C_{18}H_{38}$.

WICHTIGE BEGRIFFE

- Kohlenwasserstoffe
- Die Reihe der Alkane
- Alkane, Alkene, Alkine

WICHTIGE BEGRIFFE

- Summenformel
- Strukturformel
- Isomere

VAN-DER-WAALS-Wechselwirkungen

Die Wechselwirkungen zwischen den Molekülen eines Stoffs bestimmen die Eigenschaften eines Stoffes. Je stärker die Wechselwirkungen sind, desto höher sind Siedetemperatur und Viskosität des Stoffes. Auch die Löslichkeit hängt von den Wechselwirkungen ab. Stoffe mit unpolaren Molekülen lösen sich in Lösemitteln wie Öl, deren Moleküle ebenfalls unpolar sind. Es gilt der Grundsatz der Löslichkeit „Gleiches löst sich in Gleichem".

Die Wechselwirkungen zwischen unpolaren Molekülen heißen VAN-DER-WAALS-Wechselwirkungen. Sie entstehen durch kurzfristige Ladungsverschiebungen innerhalb der Moleküle. Die Wechselwirkungen werden umso stärker, je größer die Moleküle sind.

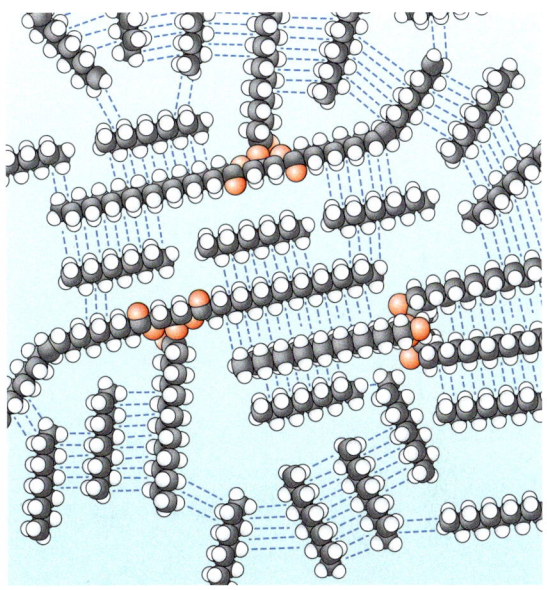

Die Polymerisation

Kunststoffe bestehen aus Riesenmolekülen. Durch eine chemische Reaktion entsteht aus vielen gleichartigen Monomeren ein großes Polymer. Diese Reaktion heißt Polymerisation. Aus dem Alken Ethen wird durch Polymerisation zum Beispiel der Kunststoff Polyethen hergestellt.

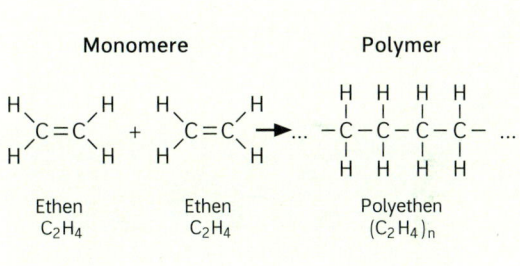

Katalysatoren in der Chemie

Die Aktivierungsenergie einer chemischen Reaktion kann durch den Einsatz eines Katalysators verringert werden. Nach der Reaktion ist der Katalysator unverändert. Er ist daher weder Edukt noch Produkt.

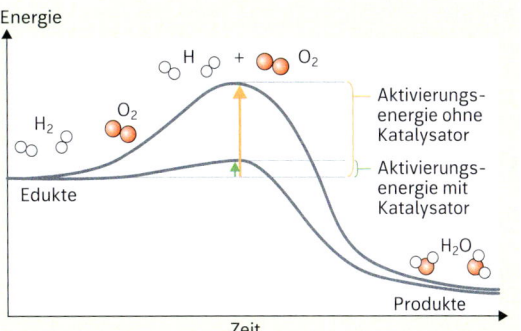

WICHTIGE BEGRIFFE

- VAN-DER-WAALS-Wechselwirkungen
- Grundsatz der Löslichkeit

WICHTIGE BEGRIFFE

- Polymerisation
- Aktivierungsenergie
- Katalysatoren

Auf einen Blick

Lerncheck: Die Kohlenwasserstoffe

Arten von Kohlenwasserstoffen

1 Gib die Summenformel an:

a)

b) $H_3C-(CH_2)_8-CH_3$

2 Benenne die Stoffe:

a) $H_3C = CH-CH_3$

b)

c) C_4H_{10}

3 Zeichne die Strukturformel von

a) Octan.

b) Pentin.

c)

4 Beschreibe die Stoffgruppe der Kohlenwasserstoffe.

Die Reihe der Alkane

5 Nenne die ersten zehn Alkane.

6 Erläutere den Zusammenhang zwischen Kettenlänge der Alkane und deren Aggregatzustand.

Isomere

7 Vervollständige den Satz: Isomere sind Stoffe, ...

8 **a)** Nenne die Summenformel zu jedem Molekül unten in den Bildern A bis C.
b) Bennene die Moleküle in den Bildern.
c) Notiere zu jedem Molekül den Namen des Isomers ohne Verzweigung.
d) Zeichen zu jedem Molekül in den Bildern die Stukturformel eines weiteren Isomers.

A

B

C

9 Zeichne die Strukturformel von

a) 3-Methyloctan.

b) 2,3-Dimethylbutan.

c) 2-Methyl-3-ethylheptan.

DU KANNST JETZT ...
- ... die Namen, Summen- und Strukturformeln von Kohlenwasserstoffen angeben.
- ... die ersten zehn Alkane nennen.

DU KANNST JETZT ...
- ... die Namen und Strukturformeln von Isomeren angeben.
- ... zu einer gegebenen Summenformel weitere Isomere finden.

Van-der-Waals-Wechselwirkungen

10 Beschreibe mithilfe einer Skizze die Entstehung von Van-der-Waals-Wechselwirkungen.

11 **a)** Formuliere einen „Je...desto" Satz, der den Zusammenhang zwischen der Molekülgröße und der Stärke der Van-der-Waals-Wechselwirkungen beschreibt.
b) Nenne zwei Stoffeigenschaften, die sich mit zunehmender Stärke der Van-der-Waals-Wechselwirkungen verändern.

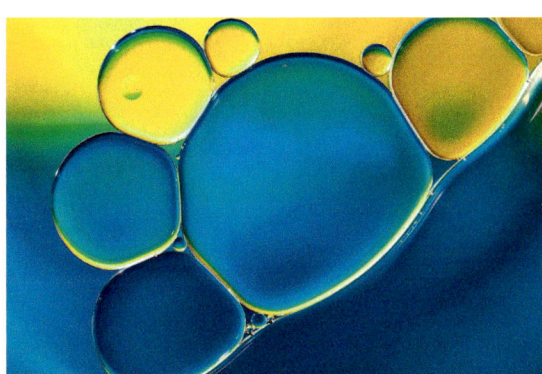

12 **a)** Nenne ein Öl-Wasser-Gemisch aus dem Alltag.
b) Erkläre, dass sich Öl nicht in Wasser lösen kann.
c) Erläutere die Aussage: „Gleiches löst sich in Gleichem."

13 **a)** Nenne drei Stoffe, in denen sich Octan lösen lässt.
b) Begründe, dass sich alle Alkane ineinander lösen.

> **DU KANNST JETZT ...**
> - ... die Van-der-Waals-Wechselwirkungen beschreiben.
> - ... ihre Stärke anhand von Strukturformeln vergleichen.
> - ... Aussagen zur Löslichkeit eines Stoffes formulieren.

Die Polymerisation

14 Nenne Produkte und Edukte einer Polymerisation.

15 **a)** Beschreibe die Polyermisation mithilfe des Bildes.
b) Bebenne die Edukte und Produkte in dieser Polymerisation.

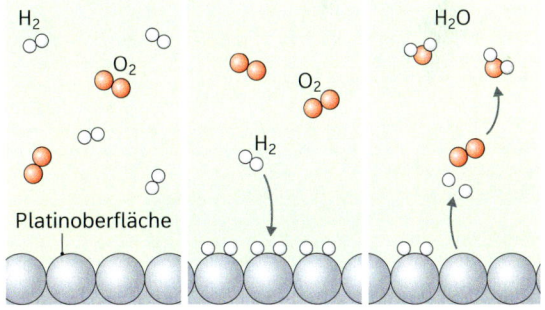

16 Beschreibe die Eigenschaften eines Thermoplasts.

Katalysatoren in der Chemie

17 Beschreibe die Funktion eines Katalysators.

18 Beschreibe den Vorgang am Katalysator im Bild unten.

H_2

O_2

H_2O

O_2

H_2

Platinoberfläche

19 Zeichne ein Energiediagramm für die Oxidation von Wasserstoff mit Sauerstoff mit und ohne Katalysator.

> **DU KANNST JETZT ...**
> - ... eine Polymerisation beschreiben.
> - ... die Vorgänge in einer Brennstoffzelle beschreiben.
> - ... die Aufgabe eines Katalysators erklären.

Lerncheck

Vom Alkohol zum Essig

Wie entsteht Alkohol?

Wieso wird Alkohol zum Desinfizieren benutzt?

Was bedeutet die Bezeichnung E10 bei Benzin?

1 Die Kette ist abgesprungen.

Chemikalien reinigen

Chemikalien im Haushalt

Das ist dir bestimmt auch schon passiert: Die Kette deines Fahrrades ist abgesprungen. Willst du weiterfahren, musst du sie wieder auflegen. Das gibt schmutzige Finger durch das Kettenöl (→ Bild 1).
Mit Wasser bekommst du die Ölverschmutzung nicht weg. Auch mit Seife wirst du wenig Erfolg haben.
Besser eignet sich dafür Reinigungsbenzin (→ Bild 2). Es entfernt das Kettenöl sehr gründlich, greift jedoch auch die schützende Fettschicht deiner Haut an.

Mittel für fast alles

Im Putzschrank findest du heute dagegen viele unterschiedliche Reinigungsmitteln (→ Bild 3). Auch Körperpflegeprodukte wie Duschgels oder Shampoos zählen zu den Chemikalien im Haushalt. Je nach Art der Verschmutzung gibt es ein passendes Reinigungsmittel. Diese Verschmutzungen können kalkartig sein, wie zum Beispiel bei einer Toilette oder der Kaffeemaschine, fettig wie bei Haaren oder einem Fahrrad oder leicht wasserlöslicher Schmutz wie auf dem Fußboden.

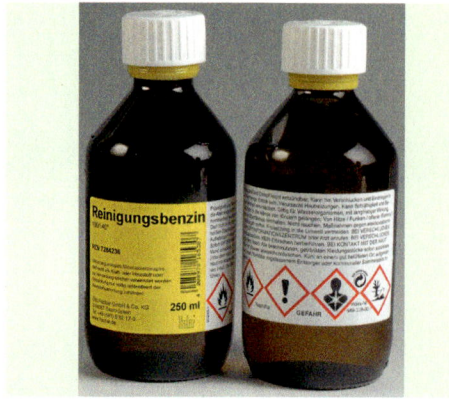

2 Reinigungsbenzin entfernt Ölflecken.

3 Reinigungsmittel im Haushalt

Wasser als Reinigungsmittel

Viele Verunreinigungen kannst du mit Wasser entfernen. Wenn du von einer Mountain-Bike-Tour kommst, kannst du dein Fahrrad mit Wasser abspritzen und so den meisten Dreck entfernen. Auch angetrocknete Schmutzflecken aus Erde lassen sich mit Wasser einfach entfernen.

Benzin und Alkohol

Bei machnen Verschmutzungen hilft aber kein Wasser. Oft müssen diese Flecken mit bestimmten Reinigungsmitteln entfernt werden. So wird das Kettenöl von deinem Fahrrad von Reinigungsbenzin gelöst. Öle und Fette sind in Benzin löslich. In einem Glasreiniger ist als Lösemittel Alkohol enthalten. Benzin und Alkohol entfernen beide Verschmutzungen wie Öl oder Fett.

Waschmittel enthalten Tenside

Für Alltägliche Verschmutzungen, die in der Küche, dem Bad oder beim Tragen von Kleidung entstehen, sind Reinigungsbenzin und Alkohol nicht geeignet. Sie greifen die Oberfläche der Stoffe an. Für verschmutze Fußböden oder getragene Kleidung eignen sich Reiniger besser, die **Tenside** enthalten. Ein Teil der Tenside ist wasserfreundlich, der andere Teil ist fettfreundlich. Der fettfreundliche Teil lagert sich an Fett an und umschließt es in einer Kugel. Der Fleck löst sich von der Kleidung. Die Oberfläche der Kugel ist wasserfreundlich und löst sich in Wasser.

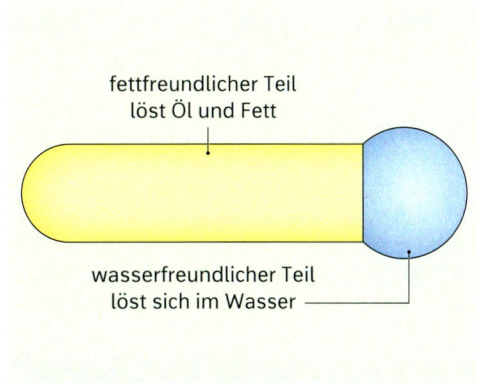

fettfreundlicher Teil
löst Öl und Fett

wasserfreundlicher Teil
löst sich im Wasser

4 Aufbau eines Tensids.

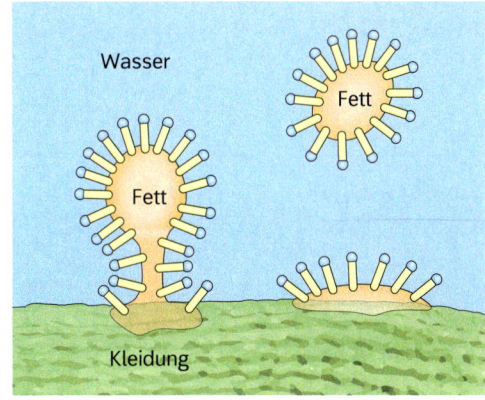

Wasser

Fett

Fett

Kleidung

5 Tenside lösen Öl und Fett.

Auswirkung auf die Umwelt

Verschiedene Reiniger sind schlecht für die Umwelt. Gelangen Tenside über die Kanalisation in Gewässer, wirken sie dort auf Pflanzen und Tiere giftig. Sie sollten daher sparsam verwendet werden.

> Die Chemie hilft bei täglichen Reinigungsprozessen mit Lösemitteln wie Benzin, Tensiden oder Alkohol.

1. Nenne zwei Reiniger, die schon früher benutzt wurden, aber auch heute noch in den meisten Putzschränken zu finden sind.

2. ▌▌ Nenne fünf Anwendungen, für die es spezielle Reinigungsmittel gibt.

3. ▌▌ Nenne drei Lösemittel, die in Reinigern genutzt werden.

4. ▌▌ Beschreibe die Funktionsweise von Tensiden beim Lösen von fetthaltigem Schmutz.

5. ▌▌ Begründe, dass der Gebrauch von Reinigungsmittel der Umwelt schaden kann.

Starthilfe zu 5:
Die in vielen Reinigungsmitteln enthaltenen Tenside gelangen mit dem Abwasser...

»

FORSCHEN UND ENTDECKEN

A Welches Mittel für welchen Schmutz?

Material: 6 Reagenzgläser, Reagenzglasständer, Stopfen, Kettenöl, Kochsalz, Wasser, Brennspiritus, Reinigungsbenzin

Durchführung:

Schritt 1: Fülle je zwei Reagenzgläser mit Wasser, Brennspiritus und Reinigungsbenzin.

Schritt 2: Gib zu jeweils einem der beiden Reagenzgläser mit gleicher Füllung Kettenöl, zum anderen Kochsalz.

Schritt 3: Verschließe jeweils mit einem Stopfen und schüttle die Reagenzgläser gründlich.

Schritt 4: Warte eine Minute und kontrolliere dann in den Reagenzgläsern, ob sich Kettenöl und Kochsalz gelöst haben.

1 Eingetrocknete Schweißflecken

	Kettenöl	Kochsalz
Wasser	nicht löslich	…
Brennspiritus	…	…
Benzin	…	…

2 Tabelle zu Aufgabe 1

3 Bekommst du diesen Lappen nochmals sauber?

1 a) Fertige ein Versuchsprotokoll an. Lege dabei besonderen Wert auf die Versuchsbeschreibung und die einzelnen Beobachtungen.
b) Notiere die Ergebnisse in Form einer Tabelle (→ Bild 2).

2 Nenne jeweils ein Mittel für diese Verschmutzungen: ölverschmiertes T-Shirt, Fettfleck, verschwitztes Hemd (→ Bild 1).

3 ‖ Nenne zwei weitere Beispiele aus dem Haushalt, bei denen wichtig ist, dass das eingesetzte Reinigungsmittel in der Lage ist, Fett zu lösen.

4 ‖ Stark mit Öl verschmutzte Hände lassen sich mit Butter reinigen. Erkläre diese Tatsache unter Benutzung des Begriffs der Löslichkeit.

5 ‖ Noch immer gibt es Fahrzeuge, vor allem Zweiräder mit einem Zweitaktmotor. Sie fahren mit einem Gemisch aus Benzin und Öl. Nenne das Versuchsergebnis, das für diese Tatsache wichtig ist.

FORSCHEN UND ENTDECKEN

B Lösen sich auch Flüssigkeiten ineinander?

Salz löst sich in Wasser, Öl hingegen nicht. Hier bietet sich Brennspiritus oder Waschbenzin an. Was aber passiert, wenn Lösemittel untereinander gemischt werden?

Material: 3 Reagenzgläser, Reagenzglasständer, 3 Stopfen, Wasser, Brennspiritus, Waschbenzin

Durchführung:

Schritt 1: Fülle in je ein Reagenzglas zwei der drei Flüssigkeiten.

Schritt 2: Verschließe jeweils mit einem Stopfen und schüttle die Reagenzgläser gründlich.

Schritt 3: Warte eine Minute und kontrolliere dann in den Reagenzgläsern, ob die beiden Flüssigkeiten sich vermischt haben (→ Bild 4).

4 Welche beiden Flüssigkeiten sind in den Reagenzgläsern?

1 Fertige ein Versuchsprotokoll an. Beantworte die Frage in der Überschrift.

2 Nenne weitere Flüssigkeiten aus dem Alltag, die sich
a) dauerhaft mischen lassen.
b) nicht dauerhaft mischen lassen.

ÜBEN UND ANWENDEN

A Wie geht das Lösen genau?

Beim Lösen gilt der Grundsatz „Gleiches löst sich in Gleichem".
So lösen sich Wasser und Brennspiritus in jedem Verhältnis ineinander.
Die Ursache liegt in den Anziehungskräften zwischen den Molekülen eines Stoffes. Diese sind bei Wasser und Alkohol ähnlich.

1 Beschreibe mithilfe von Bild 5, dass
a) Benzin und Wasser nicht ineinander löslich sind.
b) Brennspiritus und Wasser ineinander löslich sind.

2 Begründe mithilfe der Aussage: „Gleiches löst sich in Gleichem" die Löslichkeit der Flüssigkeiten in Bild 5.

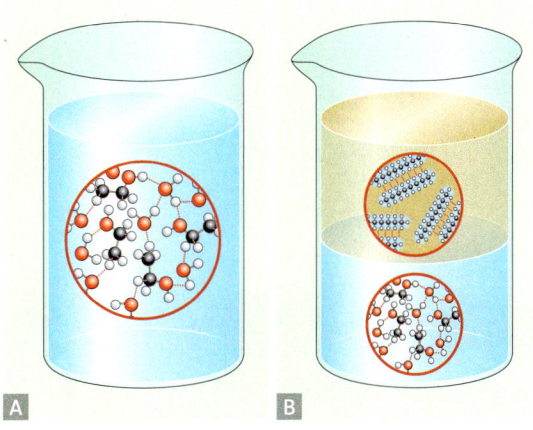

5 A Moleküle im Brennspiritus-Wasser-Gemisch,
B Moleküle im Benzin-Wasser-Gemisch

Digital+
Film

1 In den Fässern lagert Wein.

Trinkalkohol ist Ethanol

Alkoholische Getränke

Die Menschheit entdeckte schon vor tausenden von Jahren die Herstellung alkoholischer Getränke. Eine über 8000 Jahre alte Keilschrift auf Stein beschreibt bereits die Herstellung von Bier. Das römische Volk brachte auf Feldzügen den Weinstock nach Deutschland.

Herstellung von Alkohol

Alkohol entsteht durch **alkoholische Gärung** zuckerhaltiger Flüssigkeiten, wie zum Beispiel Traubensaft. Dabei nutzen Hefepilze den energiereichen Zucker als Nahrung und produzieren dabei Alkohol und Kohlenstoffdioxid.

2 Hochprozentiger Alkohl ist brennbar.

Ethanol ist ein Alkohol

Wenn im Alltag von Alkohol gesprochen wird, ist meist der trinkbare **Ethanol** gemeint, der in Bier und Wein enthalten ist. Im Haushalt wird Ethanol auch zur Konservierung oder zum Kochen genutzt. Er löst auch Stoffe wie Fett und Öl. Deshalb wird es auch als Lösemittel verwendet.

Ethanol als Desinfektionsmittel

Bei einem Alkoholgehalt zwischen 50 % und 80 % wird die Zellwand von Bakterien und Pilzen zerstört. Das gilt auch für Viren wie zum Beispiel HIV und SARS-CoV-2. Bei einem Alkoholgehalt von 96 % wirkt Ethanol auf alle Lebewesen stark giftig.

Ethanol ist brennbar

Bier und Wein enthalten Ethanol. Sie lassen sich jedoch nicht entzünden, da sie überwiegend aus Wasser bestehen. Bier hat einen Alkoholanteil von ungefähr 6 %. Erst ab einem Anteil von etwa 50 % ist ein Ethanol-Wasser-Gemisch brennbar.

Ethanol + Sauerstoff →
        Kohlenstoffdioxid + Wasser + E

Ethanol als Kraftstoff

Benzin wird Ethanol zugesetzt (→ Bild 3). Bekannt ist vor allem das sogenannte E10. Aber auch normaler Superkraftstoff enthält 5 % Ethanol. Dadurch soll Benzin eingespart werden. Bioethanol steht aber in der Kritik, weil Pflanzen wie Weizen oder Mais, aus denen es hergestellt wird, auf Flächen wachsen, die für die Produktion von Nahrungsmitteln entfallen. Teilweise werden dafür auch Urwälder gerodet.

3 Benzin mit 10 % Ethanolzusatz

Hochprozentiger Alkohol

Durch die Gärung kann nur ein Alkoholanteil von 18 % erreicht werden. Steigt der Gehalt über 18 %, werden die Hefepilze abgetötet und die Gärung stoppt. Für technische Zwecke und für einige Getränke wird ein höherer Ethanolanteil als 18 % benötigt. Dazu muss das Ethanol-Wasser-Gemisch **destilliert** werden. Das Gemisch wird erhitzt. Durch die unterschiedlichen Siedetemperaturen von Ethanol (78 °C) und Wasser (100 °C) verdampft der Ethanol vor dem Wasser. Das Wasser bleibt zurück und der Ethanol wird als Dampf aufgefangen. Dadurch ist es möglich einen Alkoholgehalt von über 94 % zu erreichen.

Alkoholkonsum ist gefährlich

Der Konsum alkoholischer Getränke bringt große Risiken mit sich. Sie reichen von verzögerten Reaktionen im Straßenverkehr bis hin zur Alkoholabhängigkeit, dem **Alkoholismus**. Die Gefahren des Alkoholkonsums werden in unserer Gesellschaft verharmlost. Alkohol in Getränken ist wie das Nikotin in Tabak ein **Suchtmittel**. Ein erhöhter Alkoholkonsum kann Organe, wie die Leber, die Niere und auch das Gehirn stark schädigen. Alkoholabhängige Menschen werden von ihrer Sucht nach Alkohol gesteuert. Ohne den ständigen Konsum von Alkohol geht es diesen Menschen schlecht. Sie leiden unter Entzugserscheinungen wie Unwohlsein, innerer Unruhe, Angstzuständen und seelischen Problemen. Bei Jugendlichen ist die Neugier oder der Gruppenzwang oft ein Auslöser für den ersten Konsum von Alkohol oder Tabak. Beim Auftreten von Gefahrensignalen sollten man eine Drogenberatungsstelle aufsuchen. Dort kann man sich auch ohne seinen Namen zu nennen informieren und erhält Hilfe.

> Ethanol ist ein Alkohol. Er entsteht durch die alkoholische Gärung, bei der Hefepilze Zucker in Ethanol und Kohlenstoffdioxid umwandeln.

1 Nenne Verwendungsmöglichkeiten von Ethanol.

1 Nenne Auswirkungen, die durch den Konsum von Alkohol entstehen können.

2 ▮▮ Nenne Früchte, die für die Herstellung alkoholischer Getränke geeignet sind.

3 ▮▮ Nenne die beiden Stoffe, die für eine alkoholische Gärung unbedingt vorhanden sein müssen.

4 ▮▮ Erkläre, dass durch Destillieren höhere Ethanolgehalte erreicht werden können.

5 ▮▮ Notiere die Wortgleichung zur alkoholischen Gärung.

Starthilfe zu 5:

$$\text{Zucker} \xrightarrow{\text{Hefepilze}}$$

A Alkoholische Gärung selbst durchführen

Material:

Erlenmeyerkolben 250 ml, durchbohrter Stopfen, Göraufsatz, Spatellöffel, Traubenzucker, Hefe, 200 ml destilliertes Wasser, Kalkwasser, frischer Apfelsaft, Schutzbrille

1 Im Stehkolben gärt der Apfelsaft.

Durchführung

Schritt 1: Löse zwei Löffel Traubenzucker in 50 ml destilliertem Wasser und gib zu der Lösung etwas Hefe und mische gründlich.

Schritt 2: Fülle Kalkwasser in das Gärröhrchen.

Schritt 3: Erwärme die Lösung auf höchstens 35 °C.

1 Erstelle ein Versuchsprotokoll.

2 Stelle eine Vermutung an, welches Gas entstanden sein könnte.

Schritt 4: Wiederhole den Versuch mit frischem Apfelsaft ohne Hefe zuzugeben. Lass den Versuchsansatz einige Tage an einer warmen Stelle stehen.

3 Vergleiche die Versuchsergebnisse bei der Gärung aus Schritt 1 und Schritt 4.

B Alkohol destillieren

Material: Erlenmeyerkolben 250 ml, Winkelrohr, Thermometer, Liebig-Kühler, Becherglas 100 ml, Stativ mit Klemme, Dreibein, Siedesteinchen, Rotwein oder vergorener Apfelsaft, Schutzbrille

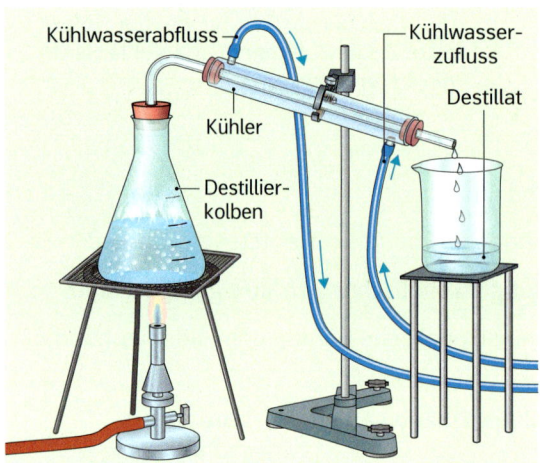

2 Destillation von Wein

Durchführung:

Schritt 1: Baue die Destillationsapparatur wie in Bild 2 auf.

Schritt 2: Fülle den Rundkolben zu einem Viertel mit Rotwein oder vergorenem Apfelsaft. Füge einige Siedesteinchen hinzu.

Schritt 3: Erhitze den Wein vorsichtig auf etwa 80 °C, möglichst nicht höher.

Schritt 4: Fange das Destillat im Becherglas auf.

1 Erstelle ein Versuchsprotokoll.

2 Beschreibe die Farbe und den Geruch des Destillats.

3 ‖ Erkläre, weshalb du nicht über 80 °C erhitzen solltest.

4 ‖ Stelle eine Vermutung über die Brennbarkeit von Wein/vergorenem Apfelsaft und dem destillierten Alkohol an.

IM ALLTAG

Biokraftstoffe

Super E10

Kraftstoff wird meist aus Erdöl hergestellt. Diese Ressource ist endlich. An Tankstellen ist Super E10 verfügbar. Das E steht dabei für Ethanol und die 10 für 10 % Zugabe von Ethanol zum Benzin. Das Ethanol ist ein Biokraftstoff, da er wird aus Pflanzen hergestellt wird. Pflanzen sind nachwachsende Rohstoffe. Bei deren Verbrennung entsteht trotzdem auch das Treibhausgas Kohlenstoffdioxid. Ihr Einsatz verhindert jedoch den Ausstoß zusätzlichen Kohlenstoffdioxids und schont die Ressourcen.

3 Super E10 und andere Kraftstoffe

Das Verfahren der E10-Herstellung

Zur Gewinnung des Ethanols für Super E10 eignen sich nicht nur Zuckerrohr und Zuckerrüben, sondern auch Getreide und Bioabfälle. Der Anbau steht in der Kritik, weil die Pflanzen Flächen für die Lebensmittelproduktion wegnehmen. In manchen Ländern wird zur Vergrößerung der Anbauflächen der Regenwald gerodet. Zudem wird auch in der Landwirtschaft Energie benötigt, was die Vorteile von Bio-Ethanol verringert. Schlecht für die Umwelt ist auch die Verwendung von Düngemittel, weil es zum Ausstoß von Lachgas führt und dies ein starkes Treibhausgas ist.

4 Regenwald weicht der Landwirtschaft

Weitere Vorteile und Nachteile

Tests haben ergeben, dass bei E10 im Vergleich zu normalem Kraftstoff weniger Feinstaub und Stickstoffoxide ausgestoßen werden. Der Kraftstoffverbrauch ändert sich kaum, obwohl Ethanol einen geringeren Energiegehalt hat als Benzin. Ältere Fahrzeuge können nicht mit E10 betrieben werden. In manchen Motoren kann der Ethanol Dichtungen und Leitungen angreifen.

1 Erkläre die Bezeichnung „Super E10".

2 ‖ Nenne Pflanzen, aus denen Ethanol für E10 gewonnen wird.

3 ‖ Nenne Probleme, die beim Anbau von Pflanzen für den Bioethanol in Super E10-Kraftstoff entstehen können.

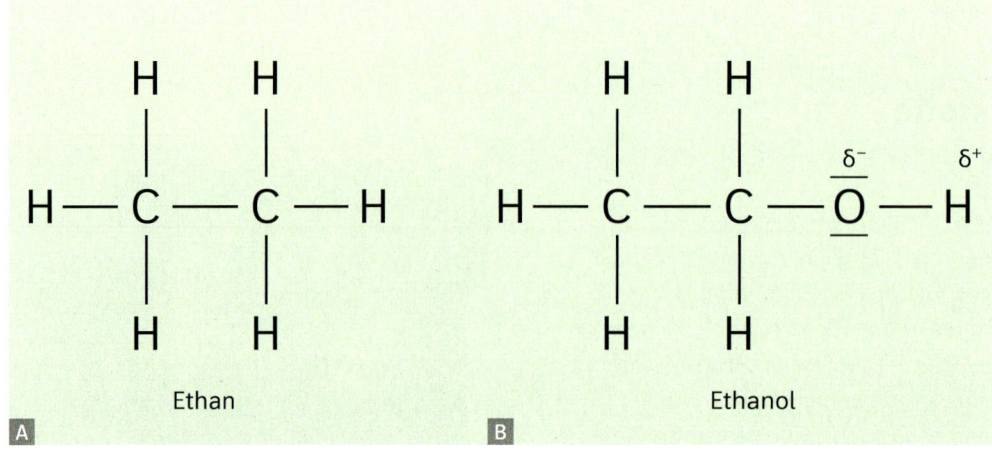

1 Vergleich des **A** Ethan-Moleküls mit dem **B** Ethanol-Molekül

Der Bau des Ethanol-Moleküls

Ethan und Ethanol

Die Moleküle des Ethans und des Ethanols sind ähnlich aufgebaut (→ Bild 1). Ein Wasserstoff-Atom des Ethans ist beim Ethanol durch eine **Hydroxygruppe** ersetzt. Diese besteht aus einem Wasserstoff-Atom und einem Sauerstoff-Atom. Die Hydroxygruppe ist charakteristisch für das Ethanol und für dessen besondere Eigenschaften verantwortlich. Die Ähnlichkeit im Molekülbau der beiden Stoffe findet sich auch im Namen wieder. Das -ol in der Endung des Ethanols steht für die Hydroxygruppe.

Polare Elektronenpaarbindung

Die C-C- und die C-H-Bindungen im Ethan-Molekül sind unpolar. Die O-H-Bindung in der Hydroxygruppe des Ethanol-Moleküls sind polar. Beim Ethanol liegt eine **polare Elektronenpaarbindung** vor. Die Elektronen sind in Richtung des Sauerstoff-Atoms verschoben. Es entstehen positive und negative Teilladungen. Eine solche polare Bindung liegt auch im Wasser-Molekül vor. Deshalb sind die Eigenschaften von Ethanol und Wasser ähnlicher als die von Ethan und Wasser (→ Bild 2).

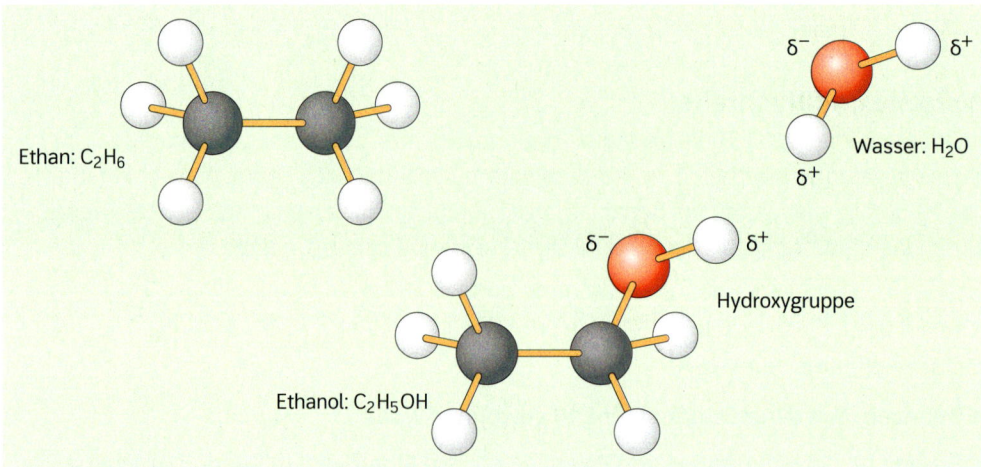

2 Ethan-, Ethanol- und Wasser-Moleküle im Vergleich

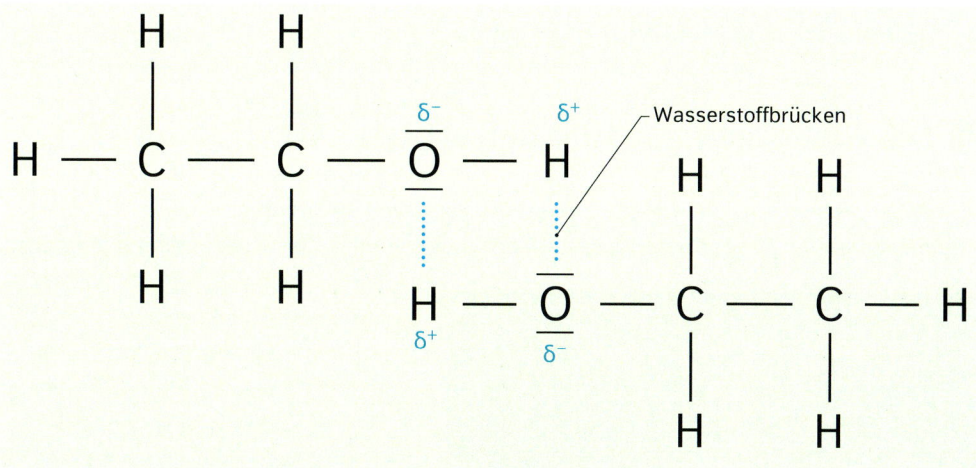

3 Wasserstoffbrücken zwischen zwei Ethanol-Molekülen

Wasserstoffbrücken

Zwei Ethanol-Moleküle bilden aufgrund der Teilladungen an den Wasserstoff- und Sauerstoff-Atomen **Wasserstoffbrücken** aus. Es kommt zur Anziehung zwischen Wasserstoff-Atomen mit positiver Teilladung (δ^+ in Bild 3) und Sauerstoff-Atomen des benachbarten Moleküls mit negativer Teilladung (δ^- in Bild 3).

Die Löslichkeit

Die Hydroxygruppe im Ethanol-Molekül ähnelt der OH-Gruppe des Wasser-Moleküls. Beide Bindungen sind polar. Daher sind Ethanol und Wasser ineinander löslich. Die Bindungen im Alkananteil des Ethanol-Moleküls sind wie beim Ethan-Molekül unpolar. Dies sorgt für die Löslichkeit des Ethanols in vielen Alkanen. Hier gilt die Regel: **Gleiches löst sich in Gleichem**.

Die Siedetemperatur

Die Siedetemperatur eines Stoffes ist abhängig von den Anziehungskräften zwischen seinen Molekülen. Zwischen Alkanen existieren VAN-DER-WAALS-**Wechselwirkungen**. Diese sind schwach. Bei Ethanol sind zusätzlich Wasserstoffbrücken zwischen den Hydroxygruppen. Diese sind stärker als die VAN-DER-WAALS-Wechselwirkungen. Zur Trennung der Wasserstoffbrücken ist beim Erwärmen mehr Energie nötig. Das erklärt die höhere Siedetemperatur von Ethanol gegenüber Ethan.

> Die Eigenschaften von Ethanol lassen sich durch die polare Elektronenpaarbindung, die Hydroxygruppe und Wasserstoffbrücken erklären.

1. Erkläre die Unterschiede im Aufbau von Ethan und Ethanol.
2. ‖ Nenne den Fachbegriff für die OH-Gruppe beim Ethanol-Molekül.
3. ‖ **a)** Erkläre den Begriff Wasserstoffbrücke.
   b) Beschreibe die Voraussetzungen für die Entstehung von Wasserstoffbrücken.
4. ‖ Begründe, dass Ethanol sowohl in Wasser als auch in Alkanen löslich ist.
5. ‖ Begründe, dass die Siedetemperatur von Ethanol deutlich höher ist als die von Ethan.
6. ‖‖ Zeichne Wasserstoffbrücken zwischen zwei Wasser-Molekülen.

Starthilfe zu 6: Beachte Bild 3.

A Die Löslichkeit genauer betrachten

Material: 3 Reagenzgläser, Reagenzglasständer, Gummistopfen, Ethanol, Wasser, Waschbenzin

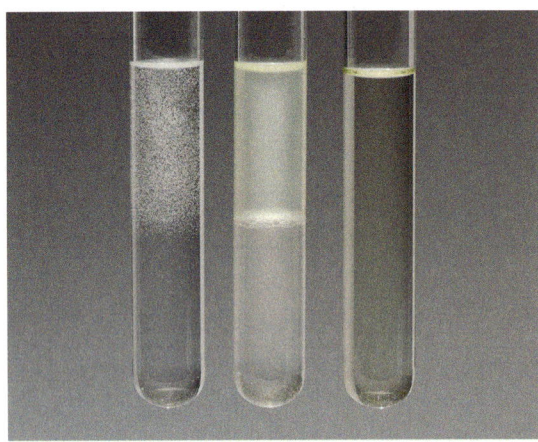

1 Welche Flüssigkeiten mischen sich?

2 Ethan-, Wasser- und Ethanol-Molekül

Durchführung

Schritt 1: Mische im ersten Reagenzglas jeweils 1 cm Ethanol und Wasser.

Schritt 2: Mische im zweiten Reagenzglas Waschbenzin und Wasser.

Schritt 3: Mische im dritten Reagenzglas Ethanol und Waschbenzin.

Schritt 4: Setze jeweils nach dem Einfüllen der Flüssigkeiten einen Gummistopfen auf, schüttle kräftig und warte danach 10 Sekunden ab.

1 a) Erstelle ein Versuchsprotokoll.
b) Beschreibe insbesondere, welche Stoffe sich miteinander mischen lassen.

2 Formuliere jeweils ein Versuchsergebnis.

Alle alkoholischen Getränke enthalten zum großen Teil Wasser. Wasser und Ethanol lösen sich offensichtlich ineinander. Benzin ist ein Gemisch, in dem verschiedene Alkane enthalten sind. Alkane mischen sich daher auch mit anderen Alkanen. An der Löslichkeit von Waschbenzin in Alkohol ist erkennbar, dass Ethanol auch in der Lage ist, Alkane zu lösen.

3 ‖ Beschreibe die Besonderheit von Ethanol, dass es sowohl Wasser, als auch Alkane lösen kann. Nutze Bild 2.

4 ‖ Erkläre die Löslichkeit von Alkanen in Alkanen mithilfe von Bild 3. Nutze die Aussage „Gleiches löst sich in Gleichem".

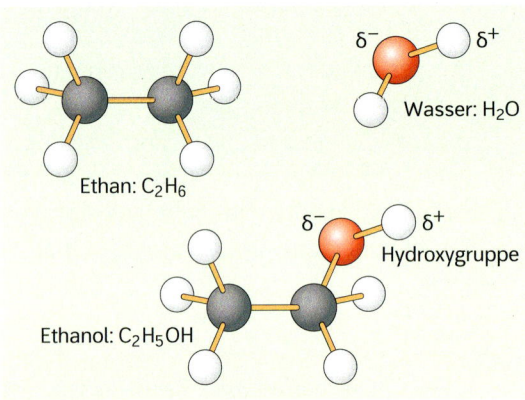

In the figure: δ^- δ^+ Wasser: H_2O — Ethan: C_2H_6 — Hydroxygruppe — Ethanol: C_2H_5OH

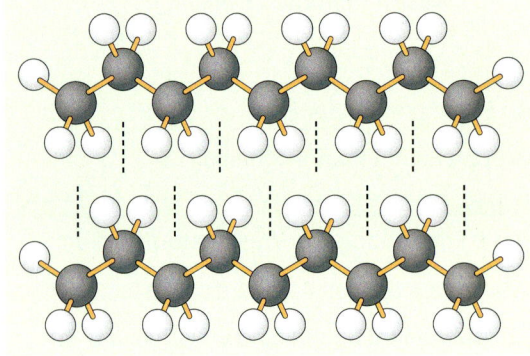

3 VAN-DER-VAALS-Wechselwirkungen zwischen Alkan-Molekülen

A Die Siedetemperaturen genauer betrachtet

Die Siedetemperaturen von Ethan und Ethanol sind sehr unterschiedlich, obwohl es sich um ähnliche Moleküle handelt (→ Bild 4). Bei Ethanol-Molekülen ist gegenüber Ethan-Molekülen ein Wasserstoff-Atom durch eine Hydroxygruppe ersetzt.

Dadurch können Wasserstoffbrücken zwischen zwei Ethanol-Molekülen entstehen. Auch zwischen Wasser-Molekülen können diese Wasserstoffbrücken vorliegen. In Bild 5 sind diese verdeutlicht. Das Sauerstoff-Atom des Wassers zieht die bindenden Elektronen stärker an als das Wasserstoff-Atom. Am Sauerstoff-Atom entsteht eine negative Teilladung, beim Wasserstoff-Atom entsteht eine positive Teilladung.

Beim Ethanol-Molekül geschieht grundsätzlich das Gleiche. Auch in der Hydroxygruppe zieht das Sauerstoff-Atom die Elektronen stärker an und bekommt dadurch eine negative Teilladung. Am Wasserstoff-Atom entsteht eine positive Teilladung. Die positiven und negativen Teilladung ziehen sich gegenseitig an. Es entsteht eine Wasserstoffbrücke (→ Bild 6).

Stoff	Siedetemperatur	Strukturformel
Ethan	- 89 °C	H–C–C–H
Ethanol	+ 78 °C	H–C–C–O–H
Wasser	+ 100 °C	O, H H

4 Die Siedetemperaturen unterscheiden sich deutlich.

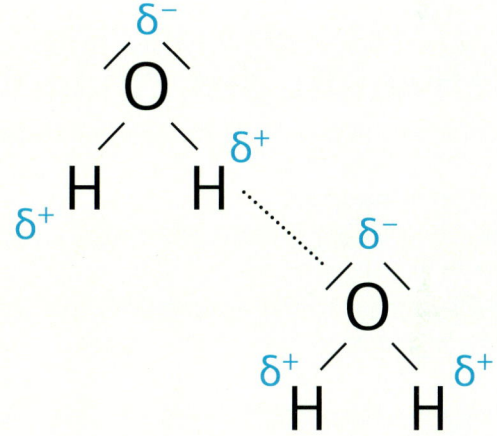

5 Wasserstoffbrücken zwischen Wasser-Molekülen

① Berrechne den Unterschied der Siedetemperaturen von Ethan und Ethanol (→ Bild 4).

② Beschreibe den Unterschied zwischen einem Ethan-Molekül und einem Ethanol-Molekül.

③ Erläutere die Voraussetzungen für das Entstehen von Wasserstoffbrücken zwischen
  ‖ a) Wasser-Molekülen (→ Bild 5).
  ‖ b) Ethanol-Molekülen (→ Bild 6).

④ ‖‖ Erkläre die unterschiedlichen Siedetemperaturen von Ethan, Ethanol und Wasser.

6 Wasserstoffbrücken zwischen Ethanol-Molekülen

Digital+
Film

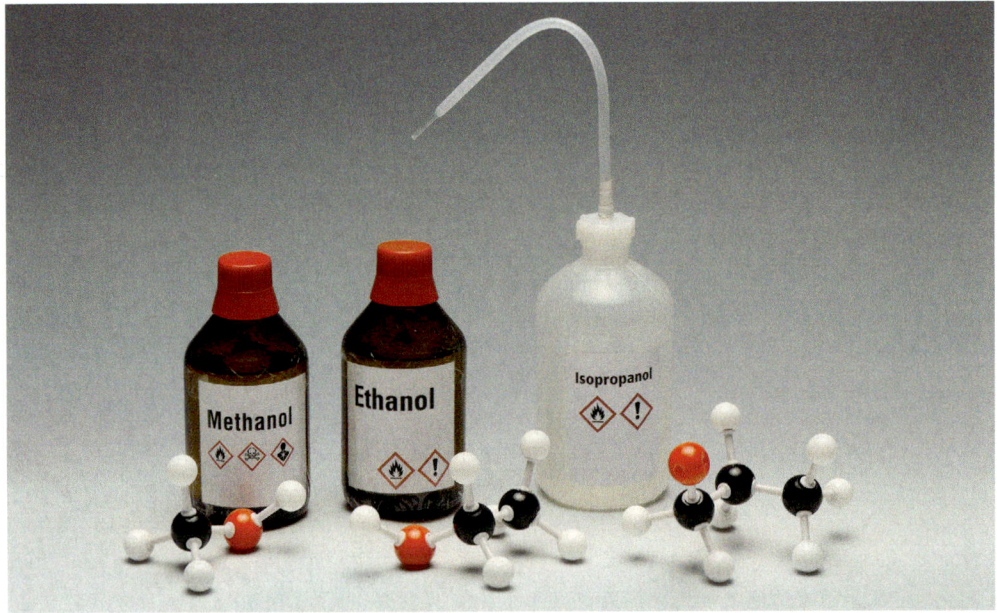

1 Ethanol ist nicht der einzige Alkohol.

Verwandte des Ethanols

Weitere Alkohole

Neben Ethanol gibt es noch weitere Alkohole (→ Bild 1). Ihre Moleküle enthalten mindestens eine Hydroxygruppe. Der einfachste Alkohol ist das Methanol, eine klare, leicht brennbare Flüssigkeit, die sehr giftig ist. Die Formel des Methanols (CH_3OH) ähnelt der des Methans (CH_4). Ein Wasserstoff-Atom beim Methan ist beim Methanol durch eine Hydroxygruppe ersetzt (→ Bild 2). Das Propanol (C_3H_7OH) enthält ebenfalls eine OH-Gruppe. Es hat seinen Namen vom Propan (C_3H_8).

Die Reihe der Alkohole

Diese Reihe an Alkoholen setzt sich fort. Die Kohlenstoffkette wird dabei immer länger. Der Alkohol mit vier Kohlenstoff-Atomen und einer OH-Gruppe heißt Butanol (→ Bild 3).
Hat die Kohlenstoffkette des Alkohols fünf Kohlenstoff-Atome heißt er Pentanol ($C_5H_{11}OH$). Alkohole mit einer Hydroxygruppe heißen Alkanole. Es gibt auch Alkohole mit mehreren Hydroxygruppen.
Fast alle Alkohole sind gesundheitsschädlich oder giftig.

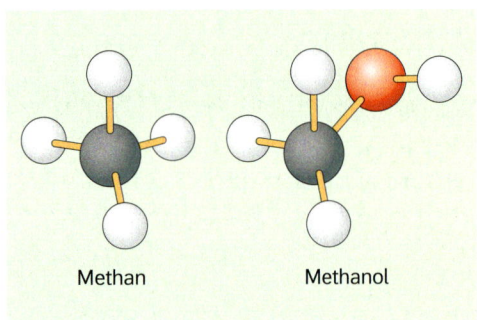

2 Methan-Molekül und Methanol-Molekül

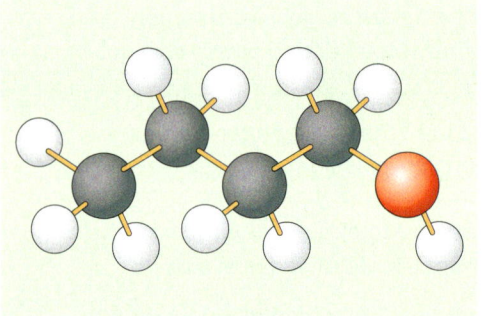

3 Butanol-Molekül

Kräfte zwischen Molekülen

Zwischen Alkan-Molekülen bilden sich VAN-DER-WAALS-Wechselwirkungen. Dagegen sind zwischen Alkohol-Molekülen Wasserstoffbrücken. Diese bilden sich zwischen den Hydroxygruppen (→ Bild 4).

Siedetemperaturen

Beim Vergleich von Alkanen mit Alkoholen stellst du fest, dass Alkohole höhere Siedetemperaturen als die entsprechenden Alkane (→ Bilder 5 und 6) besitzen. Ursache sind die Wasserstoffbrücken zwischen Alkohol-Molekülen. Diese sind stärker als die VAN-DER-WAALS-Wechselwirkungen zwischen Alkanen. Je stärker die Anziehungskräfte zwischen Molekülen sind, desto höher sind die Siedetemperaturen.

Verwendung von Alkoholen

Methanol kann anstelle von Wasserstoff in Brennstoffzellen verwendet werden. Sinnvollerweise sollte das Methanol dann mithilfe von erneuerbaren Energien hergestellt werden. Wie viele andere Alkohole wird Methanol auch als Lösemittel, etwa in Farben und Lacken verwendet. Methanol kommt in gepanschtem Schnaps vor. Es ist bereits in kleinsten Mengen tödlich. Alkohole wie das Propanol ersetzen daher das Methanol etwa in Farben. Viele Alkohole finden Verwendung in medizinischen Bereichen. So ist Pentanol in Desinfektionsmitteln enthalten.

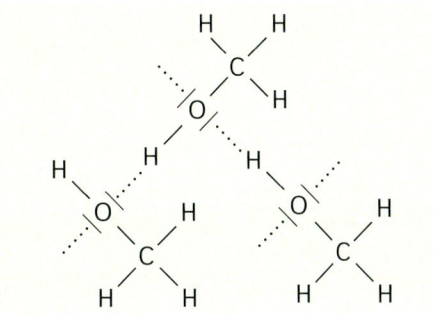

4 Wasserstoffbrücken bei Methanol

	chemische Formel	Siedetemperatur
Methan	CH_4	- 162 °C
Ethan	C_2H_6	- 89 °C
Propan	C_3H_8	- 42 °C
Butan	C_4H_{10}	- 1 °C

5 Die Siedetemperaturen der ersten Alkane

	chemische Formel	Siedetemperatur
Methanol	CH_3OH	65 °C
Ethanol	C_2H_5OH	78 °C
Propanol	C_3H_7OH	97 °C
Butanol	C_4H_9OH	117 °C

6 Die Siedetemperaturen der ersten Alkanole

> Alkohole bilden wie die Alkane eine Reihe mit steigender Anzahl an Kohlenstoff-Atomen. Sie verfügen über mindestens eine Hydroxygruppe. Hydroxygruppen sind für die Wasserstoffbrücken verantwortlich.

---

1 Zähle die ersten vier Alkohole der Reihe der Alkanole auf.

2 ▍▍ Nenne mindestens drei Eigenschaften, über die fast alle Alkohole verfügen.

3 ▍▍ Beschreibe den Aufbau eines Alkohol-Moleküls.

4 ▍▍ Erläutere den Zusammenhang zwischen den Längen der Kohlenstoffketten und der Siedetemperatur der entsprechenden Alkohole. Beachte Bild 6.

5 ▍▍ Erkläre die Bedeutung der Hydroxygruppe bei Alkoholen.

6 ▍▍ Erkläre die höheren Siedetemperaturen der Alkohole im Vergleich zu den entsprechenden Alkanen.

Starthilfe zu 6:
Vergleiche die Kräfte zwischen den einzelnen Molekülen.

A Glycol, Glycerin und Sorbit sind mehrwertige Alkohole

Die bisher genannten Alkohole haben eine Hydroxygruppe. Sie sind einwertig. Glycol, Glycerin und Sorbit sind Alkohole, die mehrere Hydroxygruppen enthalten. Sie werden daher als mehrwertige Alkohole bezeichnet. Je mehr Hydroxygruppen ein Alkohol hat, um so zähflüssiger wird der Stoff.

1 Frostschutzmittel wird nachgefüllt.

Glycol

Glycol ist in Frostschutzmittel für Automotoren. Eine Mischung aus gleichen Teilen Wasser und Glycol erstarrt erst bei -40 °C. Aus Glycol wird auch der Kunststoff PET, zum Beispiel für Trinkflaschen hergestellt. Die Strukturformel von Glycol kannst du in Bild 1 sehen. Glycol ist ein zweiwertiger Alkohol, hat also zwei Hydroxygruppen. Glycol ist dünnflüssig.

2 Seife enthält Glycerin.

Glycerin

Glycerin ist Bestandteil vieler Kosmetika und eine Grundchemikalie der chemischen Industrie, etwa zur Herstellung von Schuhcreme oder für den Sprengstoff Nitroglycerin.
Die Strukturformel von Glycerin siehst du in Bild 2. Glycerin hat drei Hydroxygruppen. Es ist also ein dreiwertiger Alkohol. Glycerin ist dickflüssig.

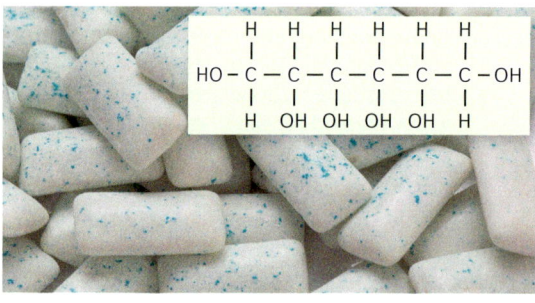

3 Zuckerfreier Kaugummi enthält Sorbit.

Sorbit

Sorbit wird oft als Zuckerersatz in Lebensmitteln verwendet. Menschen mit Diabetes profitieren davon, dass der Körper beim Stoffwechsel für Sorbit kein Insulin benötigt.
Die Strukturformel von Sorbit zeigt Bild 3. Sechs Hydroxygruppen ergeben einen sechswertigen Alkohol. Sorbit ist ein fester Stoff.

1 Begründe, dass es sich bei allen drei Alkoholen um mehrwertige Alkohole handelt.

2 Nenne von jedem Alkohol eine Verwendungsmöglichkeit.

3 Begründe, dass sich Glycol als Frostschutzmittel für Automotoren eignet.

4 ‖ Erläutere den Vorteil, den Sorbit für Mensche mit Diabetes gegenüber Zucker hat.

5 ‖ Erkläre den Aggregatzustand der drei Alkohole mit möglichen Wasserstoffbrücken.

●● ÜBEN UND ANWENDEN

B Alkohole benennen

Der Name eines Alkohols ist vom entsprechenden Alkan abgeleitet. Wird bei Methan ein Wasserstoff-Atom durch eine Hydroxygruppe ersetzt, ergibt sich Methanol (→ Bild 4). Das Alkan mit drei Kohlenstoff-Atomen heißt Propan. Durch Ersetzen eines Wasserstoff-Atoms durch eine Hydroxygruppe erhältst du Propanol. Die weiteren Namen der Alkohole werden entsprechend gebildet.

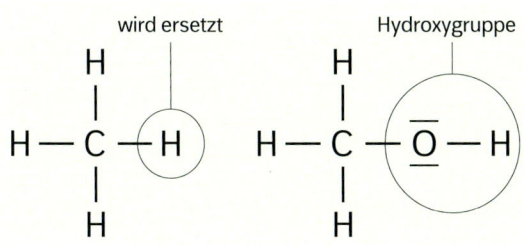

4 Methan und Methanol sind verwandt.

1 Benenne einen einwertigen Alkohol mit zwei Kohlenstoff-Atomen.

2 Benenne einen einwertigen Alkohol mit vier Kohlenstoff-Atomen.

3 **a)** Nenne den Namen des Alkans mit einer Kette von fünf Kohlenstoff-Atomen.
b) Bilde daraus den Namen des entsprechenden Alkohols.

4 Benenne den Alkohol mit sechs Kohlenstoff-Atomen.

5 ‖ Gib dem nachstehend abgebildeten Alkohol einen Namen.

```
    H  H  H  H  H  H  H  H
    |  |  |  |  |  |  |  |
H – C –C –C –C –C –C –C –C –Ō–H
    |  |  |  |  |  |  |  |
    H  H  H  H  H  H  H  H
```

C Die Löslichkeit von Alkoholen

Die Löslichkeit von Alkoholen in Wasser hängt von den Hydroxygruppen und der Länge der Kohlenstoffketten ab. In nebenstehender Tabelle siehst du die Strukturformeln verschiedener Alkohole. Beantworte die folgenden Aufgaben mit deinen Kenntnissen über die Abhängigkeit der Löslichkeit vom Bau der Moleküle. Nutze dazu auch die Begriffe Wasserstoffbrücke und Hydroxygruppe.

1 Begründe, dass Propanol besser wasserlöslich ist als Octanol.

2 ‖ Begründe, dass Glycerin sich besser in Wasser löst als Propanol.

3 ‖ Begründe, dass Sorbit besser wasserlöslich ist als Glycol.

Name	Chemische Formel
Propanol	H–C–C–C–OH mit H-Atomen (3 C-Kette)
Octanol	H–C–C–C–C–C–C–C–C–OH (8 C-Kette)
Glycol	H–C–C–H mit OH OH
Glycerin	H–C–C–C–H mit OH OH OH
Sorbit	HO–C–C–C–C–C–C–OH mit H OH OH OH OH H

5 Strukturformel verschiedener Alkohole

1 Essig zum Würzen und Verfeinern von Speisen kann aus Wein hergestellt werden.

Aus Wein wird Essig

Die Essigsäuregärung

Bleibt Wein längere Zeit offen an der Luft stehen, schmeckt er sauer. Aus dem enthaltenen Ethanol ist Essig entstanden. Essig ist die verdünnte Lösung der Essigsäure. Die Umwandlung wird durch **Essigsäurebakterien** bewirkt. Sie oxidieren Ethanol mithilfe von Sauerstoff zu Essigsäure und Wasser. Dieser Vorgang heißt **Essigsäuregärung** (→ Bild 2).

Die Herstellung von Essig findet in großen Anlagen statt. Dazu werden Tanks mit verdünntem Ethanol oder Wein befüllt und mit Luftsauerstoff durchströmt. Der Gärung startet durch die Zugabe von Essigsäurebakterien. Essigsäure besitzt die **Carboxygruppe**. Sie wird oft mit der Formel –COOH abgekürzt.

Herstellung von Essig

Essigsäure wird auch in der chemischen Industrie als Rohstoff für weitere Produkte benötigt. Diese technische Essigsäure wird nicht durch Gärung hergestellt, da dies zu lange dauert. Stattdessen wird Ethanol mit einem **Oxidationsmittel** zu Essigsäure oxidiert. Dafür eignet sich Kaliumpermanganat ($KMnO_4$) (→ Bild 3).

3 Oxidation durch Kaliumpermanganat

2 Oxidation von Ethanol zu Essigsäure durch Essigsäuregärung

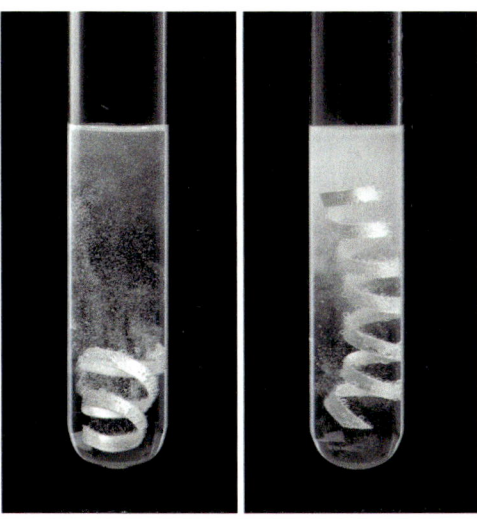

Alkansäure (Alltagsname)	Chemische Formel
Methansäure (Ameisensäure)	H-COOH
Ethansäure (Essigsäure)	CH_3COOH
Propansäure (Propionsäure)	CH_3-CH_2-COOH
Butansäure (Buttersäure)	$CH_3-CH_3-CH_2-COOH$
...	...
Hexadecansäure (Palmitinsäure)	$CH_3-(CH_2)_{14}-COOH$

4 Magnesiumband in **A** Essigsäure und **B** Salzsäure

5 Verschiedene Alkansäuren

Eigenschaften von Essigsäure

Essigsäure hat ähnliche Eigenschaften wie verdünnte Salzsäure. In Wasser gibt sie Wasserstoff-Ionen ab. Diese bilden mit Wasser-Molekülen Oxonium-Ionen (H_3O^+). Sie sind für die saure Wirkung verantwortlich. In konzentrierter Form ist Essigsäure stark ätzend. Essig ist die verdünnte Lösung der Essigsäure. Essig ist eine schwache Säure. Sie ist in niedrigen Konzentrationen zum Würzen in Salat nicht schädlich für Menschen. Sie wird Essigessenz (25 %-ige Säure) oder Essig (5 %-ige Säure) genannt.

Salze der Essigsäure

Essigsäure reagiert mit unedlen Metallen. Bei der Reaktion mit Magnesium entsteht das Salz Magnesiumacetat und Wasserstoff. Die Salze der Essigsäure heißen **Acetate**.

Essigsäure ist eine Alkansäure

Essigsäure besitzt wie Ethan, zwei Kohlenstoff-Atome. Ihr chemischer Name ist deshalb **Ethansäure** und sie gehört zur Gruppe der **Alkansäuren**. Alle Alkansäuren besitzen eine Carboxygruppe (→ Bild 2). Alkansäuren werden auch als **Carbonsäuren** bezeichnet.
Neben der Essigsäure gehören auch die Ameisensäure, die Propansäure und die Buttersäure zu den Alkansäuren (→ Bild 4). Die Reihe der Alkansäuren ähnelt der Reihe der Alkane. Die Namen der Alkansäuren leiten sich von den entsprechenden Alkanen mit der gleichen Anzahl an Kohlenstoff-Atome ab.

> Essigsäure entsteht durch die Oxidation von Ethanol. Der chemische Name der Essigsäure ist Ethansäure. Sie ist eine organische Alkansäure.

1 Nenne den chemischen Vorgang zur Herstellung von Essig aus Wein.

2 Nenne die Ausgangsstoffe, aus denen Essigsäure hergestellt wird.

3 Beschreibe den Unterschied zwischen der Essigsäuregärung und der Oxidation von Ethanol mit Kaliumpermanganat.

4 ‖ Erläutere die Herstellung von Essig durch Essigsäuregärung.

5 ‖‖ Begründe die gute Wasserlöslichkeit von Essigsäure.

Starthilfe zu 5:
Vergleiche die Struktur der Carboxygruppe mit der Struktur eines Wasser-Moleküls.

A Die Essigherstellung mit dem Submers-Verfahren

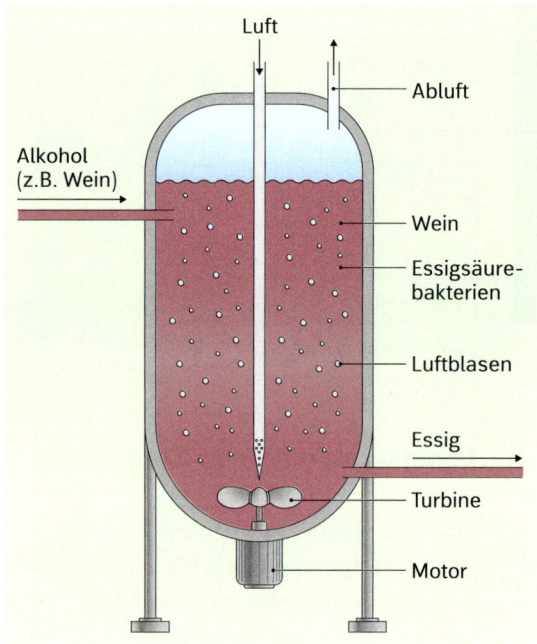

1 Herstellung von Essig durch Essigsäuregärung im Submers-Verfahren

Essig zum Würzen von Lebensmitteln wird oft aus Wein hergestellt. Für die Essigsäuregärung wird das Submers-Verfahren genutzt. Dazu können unterschiedliche Rohstoffe als Grundlage für Herstellung verwendet werden. In eine alkoholische Flüssigkeit wird Luft gepumpt und Essigsäurebakterien hinzugegeben. Nach 1-2 Tagen haben die Bakterien das Ethanol zu Essigsäure umgewandelt.

1 Beschreibe die Herstellung von Essig durch das Submers-Verfahren mithilfe von Bild 1.

2 Die Essigsäuregärung benötigt als Ausgangsstoff eine alkoholische Lösung. Nenne das Verfahren, mit dem diese hergestellt werden.

B Ethanol und Essigsäure im Vergleich

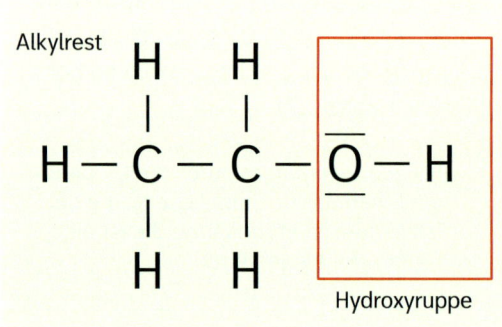

2 Ethanol-Molekül

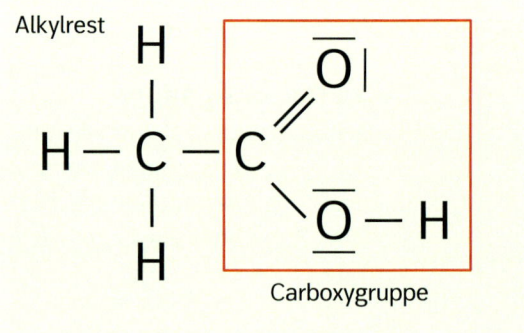

3 Essigsäure-Molekül

1 Vergleiche die beiden Moleküle in Bild 2 und 3. Beschreibe Gemeinsamkeiten und Unterschiede.

2 Nenne die Namen der Stoffgruppen der beiden Stoffe.

3 ‖ Plane jeweils einen Versuch, mit denen du Ethanol und Essigsäure auf ihre Eigenschaften Wasserlöslichkeit und Brennbarkeit untersuchen kannst.

C Löslichkeit von Ethanol, Heptan und Essigsäure

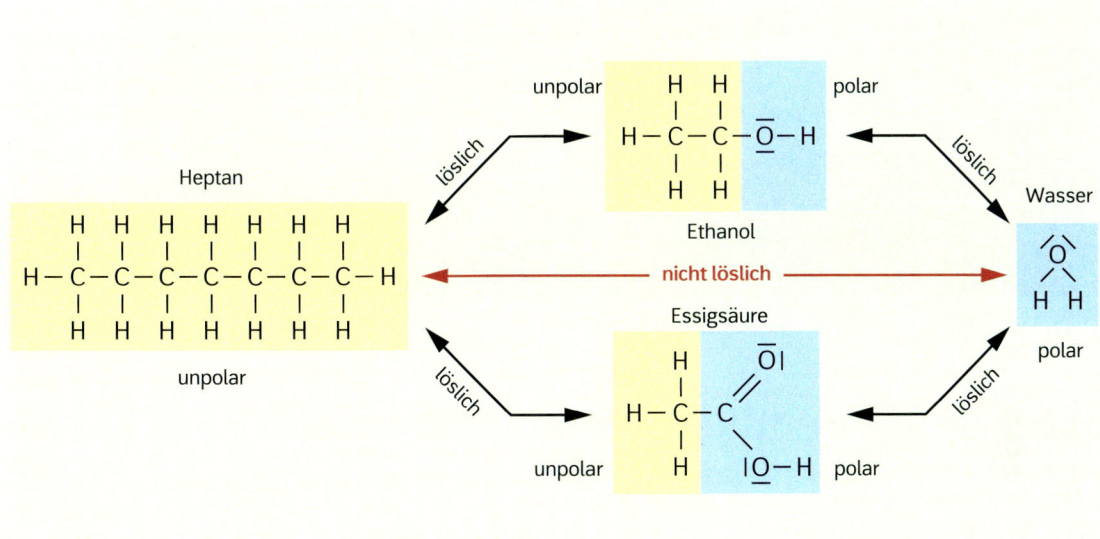

4 Löslichkeit von Stoffen mit polaren und unpolaren Eigenschaften

In Bild 4 sind die Wechselwirkungen zwischen Ethanol-, Essigsäure-, Wasser- und Heptan-Molekülen dargestellt. Zwischen den polaren Bindungen von Essigsäure und Wasser treten Wasserstoffbrücken auf. Zwischen den unpolaren Bindungen von Essigsäure und Heptan kommt es zu Van-der-Waals-Wechselwirkungen.
Bild 5 zeigt die Ergebnisse, um die Löslichkeit der Stoffe aus Bild 4 in einem Versuch zu bestimmen.

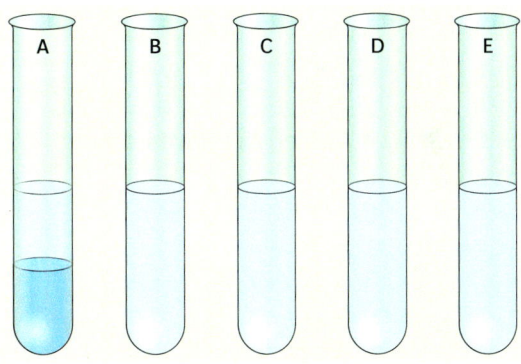

5 Versuchsergebnis zur Löslichkeit

1 Beschreibe, welche Informationen du in Bild 4 ablesen kannst.

2 Erläutere, warum bestimmte Stoffe ineinander löslich sind und andere Stoffe sich nicht ineinander lösen.

3 ▌▌ Nenne die möglichen Stoffe, die jeweils in die Reagenzgläser in Bild 5 gegeben wurden.

4 ▌▌ Nenne die Namen der Wechselwirkungen die zwischen Ethanol-, Heptan-, Eissig-säure- und Wasser-Molekül auftreten können.

5 ▌▌▌ Übertrage die vier Moleküle aus Bild 4 in dein Heft und zeichne die Wechselwirkungen zwischen den Molekülen ein.

Digital+
Film

1 Ester erzeugen viele angenehme Gerüche

Ester sind chemische Verbindungen

Meistens riecht es gut

Der angenehme Geruch vieler Früchte, wie zum Beispiel Ananas, Bananen oder Birnen stammt von Estern (→ Bild 1). Ester sind eine Gruppe chemischer Verbindungen, die bei der Reaktion aus einer Alkansäure mit einem Alkanol entstehen (→ Bild 2). Dabei bildet sich auch Wasser als Nebenprodukt. Es entsteht durch die Reaktion der Carboxygruppe der Alkansäure mit der Hydroxygruppe des Alkanols. Diese Art von Reaktion heißt **Kondensationsreaktion**.

Es gibt viele Ester

Aus Ethanol und der übelriechenden Butansäure entsteht so Butansäureethylester. Dieser Ester riecht nach Ananas. Nach Birnen riecht der Ester aus Pentanol und Ethansäure, der Ethansäurepentylester. Ester sind dünnflüssig und leicht flüchtig, wenn sie aus kurzkettigen Alkansäure- und Alkohol-Molekülen entstanden sind. Nimmt die Molekülgröße der Edukte zu, werden Ester zähflüssig oder sogar fest und bilden so **Wachse** und **Fette**.

2 Die Ester-Synthese ist eine Kondensationsreaktion.

Geruch				
	Rum	Banane	Birne	Ananas
Strukturformel				
Name	Methansäure-ethylester	Ethansäure-butylester	Ethansäure-pentylester	Butansäure-methylester

3 Angenehme Gerüche

Benennung der Ester

Ester haben lange Namen. Zunächst wird die bei der Bildung verwendete Alkansäure genannt. Das Alkanol folgt in Kurzform. Statt Methanol erscheint -methyl, statt Ethanol -ethyl, statt Propanol -propyl und so weiter. Abgeschlossen wird der Name mit -ester (→ Bild 3).

> Ester sind eine vielfältige Gruppe chemischer Verbindungen. Sie entstehen in einer Kondensationsreaktion aus einem Alkohol und einer Alkansäure. Dabei entsteht Wasser.

Nitroglycerin

Ein ungewöhnlicher Ester ist Glycerintrinitrat, besser bekannt als **Nitroglycerin**. Dieser Ester entsteht bei der Reaktion des Alkohols Glycerin mit Salpetersäure (HNO_3). Nitroglycerin ist eine hochexplosive Flüssigkeit, die schon auf geringen Druck oder leichte Erschütterungen reagiert. Deshalb wird ein saugfähiges Material mit Nitroglycerin getränkt, um dieses gegen ungewollte Explosionen unempfindlich zu machen. ALFRED NOBEL hat diesen Sprengstoff erfunden. Er nannte ihn **Dynamit**.

1 Nenne die auffallendste Eigenschaft von Estern.

2 **a)** Nenne die beiden Stoffe, aus denen ein Ester entsteht. Nenne auch das Nebenprodukt.
b) Notiere den allgemeinen Namen einer chemischen Reaktion, bei der Wasser entsteht.

3 Nenne die Namen von Estern mit großen Molekülen.

4 ‖ Nenne den Namen des Esters, der aus Propansäure und Butanol entsteht.

5 ‖ Erstelle eine Tabelle, in der Ester stehen, die nach Rum, Banane, Birne und Ananas riechen. Ergänze in zwei Spalten aus welchen Edukten die Ester hergestellt werden können.

6 ‖ Notiere den Ester, der aus Glycerin und Salpetersäure entsteht, sowie seine besondere Bedeutung.

Starthilfe zu 5:

Geruch	Edukt 1	Edukt 2
Rum	Methansäure	…
Banane	…	…
…	…	…

A Ist Polyester auch ein Ester?

Polyester sind Kunststoffe
Anhand der Vorsilbe kannst du erkennen, dass ein Polyester, ähnlich wie Polyethylen oder Polystyrol ein Kunststoff ist. Die Vorsilbe weist darauf hin, dass viele gleiche Moleküle zu einem Riesenmolekül verknüpft sind.

Polyester sind lange bekannt
Polyester bilden eine Gruppe von verschiedenen Kunststoffen, da ihre Ausgangsstoffe variieren. Der erste künstlich hergestellte Polyester ist das Glycerinphthalat. Es wurde im 1. Weltkrieg als Imprägnierungsmittel (→ Bild 1) verwendet. Die eigentliche Produktion setzte nach dem 2. Weltkrieg ein.

1 Wasser perlt gut ab: Textilien aus Polyester

Wozu wird Polyester eingesetzt?
Aus Polyester werden heute Fasern und Garne hergestellt. Daraus entstehen Textilien und Mikrofasern. Hier kann Polyester seine Vorteile ausspielen. Er ist formbeständig und knittert wenig. Außerdem nimmt er wenig Feuchtigkeit auf (→ Bild 1). Aus Polyester werden auch PET-Flaschen und weitere Verpackungen hergestellt. Mit Polyesterharzen werden Verbundwerkstoffe hergestellt. Beispiele sind Glasfasernkunststoffe für die Herstellung von Öltanks oder Bootsrümpfen (→ Bild 2).

2 Reperatur eines Boots mit Polyesterharz

❶ Erkläre den Begriff Polyester anhand seiner beiden Wortteile.

❷ Erläutere den Begriff Riesenmolekül am Beispiel der Kunststoffe.

❸ ‖ Schildere den Einsatz des ersten Polyesters im 1. Weltkrieg.

❹ ‖ Beschreibe die Verwendung von Polyestern in der heutigen Zeit. Nutze dazu auch Bild 2.

❺ ‖ Erläutere die Struktur eines Polyester-Moleküls anhand von Bild 3.

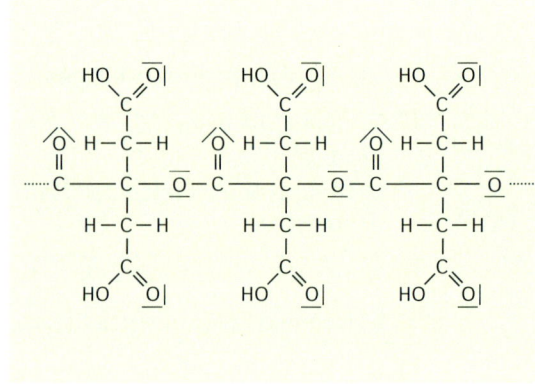

3 Ausschnitt aus einem Polyester-Molekül

Welche Bedeutung haben Fette und Wachse?

Fette und Öle
Fette und Öle sind aus dem Alkohol Glycerin und langkettigen Alkansäuren aufgebaut. Fette sind chemisch betrachtet also Ester. Sie enthalten neben dem Glycerin drei Alkansäuren, die Fettsäuren genannt werden. Fettsäuren sind für die menschliche Ernährung von besonderer Bedeutung.

Tierische Fette
Tierische Fette in Reinform kennst du etwa als Schmalz, Schweinefett. In Fleisch oder Fisch sind aber auch versteckte Fette enthalten. Sie führen nicht nur zu Übergewicht. Tierische Fette sind auch weniger gesund, da sie in erster Linie **gesättigte Fettsäuren** enthalten. Diese sind für die menschliche Ernährung weniger günstig.

4 Schmalz

Pflanzliche Fette
Pflanzliche Fette und Öle enthalten mehr **ungesättigte Fettsäuren**. Diese kannst du an Doppelbindungen innerhalb des Fettsäure-Moleküls erkennen. Ungesättigte Fettsäuren sind gesünder für die menschliche Ernährung, da sie sich positiv auf die Blutfettwerte auswirken. Beispiele für pflanzliche Fette sind Olivenöl, Rapsöl oder Sonnenblumenöl.

5 Rapsöl

Bienenwachs
Bienenwachs besteht ebenfalls zum größten Teil aus Alkohol und Alkansäuren, also aus Estern. **Fußbodenwachs** wird auch unter Einsatz von Bienenwachs oder **Carnaubawachs**, das aus der Carnaubapalme gewonnen wird hergestellt. Kerzenwachs stammt meist aus der Gruppe der Alkane und enthält keine Ester.

6 Bienen verschließen Waben mit Wachsdeckel

1 Nenne ein tierisches und drei pflanzliche Fette.

2 Beschreibe den chemischen Unterschied zwischen gesättigten und ungesättigten Fettsäuren.

3 Erläutere, dass Fette chemisch betrachtet Ester sind.

4 ‖ Erläutere den Unterschied zwischen Carnaubawachs und Kerzenwachs.

5 ‖ Erläutere, dass pflanzliche Fette in der Regel gesünder für die menschliche Ernährung sind.

1 Die kleinsten Moleküle der Alkane, Alkanole und Alkansäuren

Stoffgruppen in der Kohlenstoff-Chemie

Es beginnt bei den Alkanen

Die am einfachsten gebaute Stoffgruppe in der Kohlenstoffchemie sind die Alkane. Sie setzen sich nur aus Kohlenstoff-Atomen und Wasserstoff-Atomen zusammen. Diese Stoffgruppe beginnt beim Methan (CH_4) und wird mit weiteren Kohlenstoff- und Wasserstoff-Atomen immer länger. Grundsätzlich gilt dieses Bauprinzip auch bei anderen Stoffgruppen. Dadurch gibt es bei den Alkoholen und den Alkansäuren jeweils dem Methan entsprechende Stoffe, die jeweils ein Kohlenstoff-Atom enthalten (→ Bild 1).

2 Ähnlich: Ethan, Ethanol, Ethansäure

Die Stoffgruppe der Alkane

Die Stoffgruppe setzt sich vom Methan über Ethan, Propan, Butan immer weiter fort. Dabei werden jeweils ein Kohlenstoff-Atom und zwei Wasserstoff-Atomen ergänzt. Die Eigenschaften der Alkane ändern sich mit der Länge der Kohlenstoffkette. Die Schmelz- und Siedetemperaturen steigen mit der Kettenlänge. Deshalb sind die ersten Alkane gasförmig, ab fünf Kohlenstoff-Atomen flüssig und ab 17 Kohlenstoff-Atomen fest.

Die Stoffgruppe der Alkanole

Die Alkohole oder Alkanole verfügen im Gegensatz zu den Alkanen über eine Hydroxygruppe (OH-Gruppe). Sie ersetzt ein Wasserstoff-Atom. Wird die Kohlenstoffkette verlängert, kommen pro Kohlenstoff-Atom wiederum zwei Wasserstoff-Atome hinzu (→ Bild 3). Die Schmelz- und Siedetemperaturen der Alkohole sind höher als bei den entsprechenden Alkanen. Dies liegt an der Ausbildung von Wasserstoffbrücken zwischen den Alkohol-Molekülen. Sie sind meist flüssig. Bei langen Kohlenstoffketten sind sie Feststoffe.

Die Stoffgruppe der Alkansäuren

Die Alkansäuren besitzen im Vergleich zu den Alkoholen eine Carboxygruppe (COOH-Gruppe) statt einer Hydroxygruppe (→ Bild 4). Der Mechanismus zur Verlängerung der Kohlenstoffkette läuft wie bei den Alkanen oder Alkoholen ab. Dadurch bleibt die Carboxygruppe immer an einem Ende des Moleküls. Diese Gruppe ist auch für die saure Wirkung der Alkansäuren verantwortlich. Die Schmelz- und Siedetemperaturen der Alkansäuren sind höher als die der entsprechenden Alkane. Auch in diesem Fall sind die Wasserstoffbrücken dafür verantwortlich.

Die Stoffgruppe der Ester

Ester sind als Stoffgruppe vielfältiger als die bisher besprochenen, da sie aus einer Alkansäure und einem Alkohol entstehen. Reagiert ein Ethansäure-Moleküle mit einem Methanol-Molekül, entsteht ein Ethansäuremethylester (→ Bild 5). Dadurch können an zwei Stellen Verlängerungen der Kohlenstoffkette auftreten. Die Schmelz- und Siedetemperaturen steigen jeweils an. Ester mit kurzer Kohlenstoffkette sind flüssig. Längere Kohlenstoffketten bewirken, dass Ester Feststoffe sind. Dies wird bei Fetten und Wachsen deutlich.

> Alkane, Alkanole, Alkansäuren und Ester sind wichtige Stoffgruppen in der Kohlenstoffchemie.

3 Verlängerung der Kohlenstoffkette bei den Alkanolen

4 Verlängerung der Kohlenstoffkette bei den Alkansäuren

5 Bau eines Esters am Beispiel des Essigsäureethylesters

1. Nenne die vier Stoffgruppen dieser Seite und erkläre den Mechanismus beim Verlängern der Kohlenstoffkette.

2. ‖ Erkläre den Zusammenhang zwischen Kettenlänge und Siedetemperaturen.

3. ‖ Notiere die Formel von Methansäuremethylester.

4. ‖‖ Notiere die Strukturformeln der ersten vier Vertreter der Alkane, Alkanole und Alkansäuren in dein Heft.

Starthilfe zu 4:
Die ersten vier Alkane sind Methan, Ethan, Propan, Butan.

A Welche Möglichkeiten gibt es noch ohne Etikett?

1 Welche Flüssigkeiten waren das nochmal?

Auf dem Labortisch im Chemiefachraum stehen drei Erlenmeyerkolben mit unbekanntem Inhalt. Die Beschriftung der Glaskolben ist nicht mehr lesbar und niemand weiß, welche Stoffe sich darin befinden. Nur eines ist klar: Es handelt sich um drei farblose Flüssigkeiten.

Um herauszufinden, welche Stoffe darin sind, musst du ihr Eigenschaften untersuchen. Als erstes wird meist der Geruch festgestellt. Dabei sind die üblichen Sicherheitsvorkehrungen einzuhalten. In unserem Gedankenexperiment gehen wir davon aus, dass beim vorsichtigen Riechen festzustellen ist, dass eine Flüssigkeit geruchlos ist, eine zweite nach Benzin riecht, eine dritte stechend riecht.

Eine Vermutung könnte nun sein, dass es sich beim ersten Stoff um Wasser, beim zweiten um ein Alkan und beim dritten um eine saure Lösung handelt.

1 Nenne die beiden Eigenschaften, die im Text genannt werden.

2 Nenne weitere fünf Eigenschaften, die du bestimmen kannst.

3 a) Nenne eine Möglichkeit um mit den Geräten im Fachraum zu prüfen, ob sich im ersten Gefäß Wasser und im zweiten Gefäß ein Alkan befindet.

> **Starthilfe zu 3 a:**
> Unbekannte und brennbare Flüssigkeiten dürfen nicht direkt mit einer offenen Flamme erhitzt werden.

b) Nenne die Möglichkeit eine saure Lösung zu testen.

4 ‖ Die passenden Versuche zu Aufgabe 3 a) ergaben folgende Ergebnisse:
Erstes Glas: Siedetemperatur 100 °C
Zweites Glas: Siedetemperatur 126 °C
Recherchiere im Internet, welche Stoffe sich voraussichtlich in den ersten beiden Gefäßen befinden.

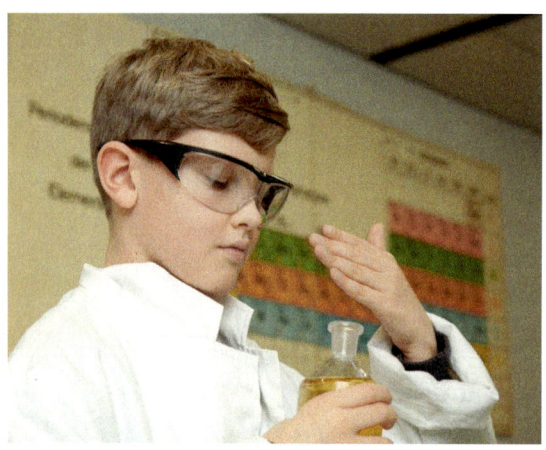

2 Bei unbekannten Substanzen ist auch chemisches Riechen durch Zufächeln gefährlich.

B Von den Stoffeigenschaften zu den Teilchen und umgekehrt

Die Eigenschaften der Stoffe geben Auskunft über den Aufbau und die Anordnung seiner Teilchen. Dies ist möglich, weil umgekehrt die Teilchen und ihre besondere Struktur die Eigenschaften der Stoffe bestimmen.
Neben Dipol-Wechselwirkungen sind bei den Alkanen, Alkanolen und Alkansäuren vor allem die Wasserstoffbrücken (→ Bild 3) und die VAN-DER-WAALS-Wechselwirkungen wesentlich. Letztere sind hauptsächlich bei den Alkanen wirksam. Sie wirken zwischen den Kohlenstoffketten und sind schwächer als die Wasserstoffbrücken. Sie haben daher einen geringeren Einfluss auf die Eigenschaften. Wasserstoffbrücken finden sich bei Alkanolen und Alkansäuren.

Willst du einen Stoff zum Sieden bringen, müssen die zwischenmolekularen Kräfte überwunden werden. Sind die zwischenmolekularen Kräfte groß, wird mehr Energie in Form von Wärme zum Verdunsten eines Stoffes gebraucht. Nicht nur bei den Siedetemperaturen, sondern auch bei der Löslichkeit spielen die zwischenmolekularen Wechselwirkungen eine Rolle. Bilden zwei unterschiedliche Moleküle Wasserstoffbrücken, so lösen sich die entsprechenden Stoffe ineinander, zum Beispiel Wasser und Ethanol. Es gilt der Grundsatz „Gleiches löst sich in Gleichem".

3 Wasserstoffbrücken zwischen Methanol-Molekülen

4 Strukturformeln mit der Formel C_6H_{12}

1 Nenne die drei Formen von zwischenmolekularen Kräften.

2 ‖ Erläutere, inwiefern solche zwischenmolekularen Kräfte Einfluss auf die Eigenschaften von Stoffen haben.

3 ‖ Notiere jeweils die zwischenmolekularen Kräfte, die bei Alkanen, Alkanolen und Alkansäuren wirksam sind.

4 ‖‖ Erläutere die unterschiedlichen Siedetemperaturen bei den vier Molekülen mit der Formel C_6H_{12} in Bild 4.

Starthilfe zu 4:
Beachte die unterschiedlichen Oberflächen der Moleküle.

5 ‖ Erkläre, dass sich Essigsäure und Wasser ineinander lösen mit den zwischenmolekularen Kräften.

6 ‖ Erkläre, dass sich Öl und Hexan ineinander lösen.

Auf einen Blick: Vom Alkohol zum Essig

Chemikalien reinigen

Haushaltschemikalien reinigen verschmierte
Hände ebenso wie eine verschmutzte Toilette,
den Fußboden oder die Kaffeemaschine.
Meistens werden die unerwünschten Stoffe
durch Lösen entfernt. Die enthaltenen Tenside
haben einen wasserfreundlichen und einen
schmutzfreundlichen Teil. Dadurch können
Verunreinigungen gelöst werden.

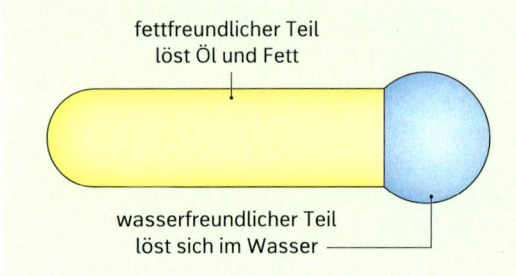

fettfreundlicher Teil
löst Öl und Fett

wasserfreundlicher Teil
löst sich im Wasser

Ethanol ist Trinkalkohol

Es gibt eine Vielzahl von Alkoholen (Alkanolen).
Ethanol ist Trinkalkohol. Er ist eine klare, brenn-
bare Flüssigkeit, leichter als Wasser und siedet
bei 78 °C. Ethanol entsteht durch Gärung.
Kohlenstoffdioxid ist ein Nebenprodukt. Durch
Brennen werden höhere Alkoholgehalte erreicht.
Alkohol ist schädlich und macht süchtig. Die
Erkrankung heißt Alkoholismus.
Ethanol ist auch in Reinigungs-, Löse- und
Desinfektionsmittel enthalten. In Kraftstoff, wie
zum Beispiel Benzin, werden zwischen 5 % und
10 % Ethanol hinzugegeben. Dadurch kann
Benzin eingespart werden. Der Ethanol in Benzin
wird häufig aus Zuckerrohr gewonnen. Die
Ackerfläche kann dann nicht für den Anbau von
Lebensmitteln genutzt werden.

Das Ethanol-Molekül kann aus dem Ethan-Molekül abgeleitet werden. Ein Wasserstoff-Atom des
Ethans ist durch eine Hydroxygruppe (-OH)
ersetzt. Diese Gruppe ist mittels einer polaren
Elektronenpaarbindung gebunden. Es existieren
positive und negative Teilladungen. Zwei Ethanol-Moleküle bilden aufgrund dieser Teilladungen Wasserstoffbrücken.
Da sich die OH-Gruppen bei Wasser und Ethanol
ähneln, sind die beiden Stoffe ineinander löslich.
Die Siedetemperatur von Ethanol ist höher als
von Ethan, da Wasserstoffbrücken viel Energie
brauchen, um sich zu trennen.

Verwandte des Ethanols

Neben Ethanol gibt es weitere Alkohole. Jeder
Alkohol besitzt mindestens eine -OH Gruppe, wie
zum Beispiel das Methanol. Dieser Alkohol ist
sehr giftig und kommt in verunreinigtem Ethanol
vor. Die Alkohole setzen sich wie die Reihe der
Alkane fort. Das Frostschutzmittel Glycol, die
Grundchemikalie Glycerin und der Zuckeraus-
tauschstoff Sorbit sind ebenfalls Alkohole.

WICHTIGE BEGRIFFE
- Haushaltschemikalien, Lösen, Tenside
- Ethanol, Gärung, Kohlenstoffdioxid
- Sucht, Alkoholismus
- Brennen, Biokraftstoff

WICHTIGE BEGRIFFE
- Hydroxygruppe, polare Elektronenpaar-
  bindung, positive und negative Teilladung
- Wasserstoffbrücken
- Methanol, Glycol, Glycerin, Sorbit

Vom Alkohol zum Essig

Ethanol + Sauerstoff → Essigsäure + Wasser

Ethanol oxidiert zu Essigsäure. Sie zählt zu den Alkansäuren. Typisch ist die Carboxygruppe. Weitere Alkansäuren sind die Ameisensäure (Methansäure) oder die Buttersäure (Butansäure). Essig ist eine wässrige Lösung von Essigsäure. Die Salze der Essigsäure sind die Acetate.

Ethanol wird oxidiert

Ethanol kann auch schneller zu Essigsäure oxidiert werden. Dazu ist ein Oxidationsmittel erforderlich. Da Ethanol brennbar ist, kann es auch direkt oxidiert werden. Dabei entsteht Wasser und Kohlenstoffdioxid:

$$H_3C\text{-}CH_2\text{-}OH + 3\,O_2 \rightarrow 2\,CO_2 + 3\,H_2O + E$$
Ethanol + Sauerstoff →
Kohlenstoffdioxid +Wasser + E

Die Verbrennung von Ethanol wird in Spiritusbrennern, Kaminöfen und Verbrennungsmotoren genutzt.

WICHTIGE BEGRIFFE

- Carboxygruppe COOH
- Ameisensäure, Buttersäure
- Essig, Acetate
- Oxidationsmittel

Ester

Ester entstehen durch eine Kondensationsreaktion aus einer Alkansäure und einem Alkohol.

Kurzkettige Ester sind dünnflüssig und leicht flüchtig. Dann riechen sie häufig nach Früchten. Langkettige Ester bilden Wachse und Fette. Fette sind wichtig für die menschliche Ernährung.

Stoffgruppen in der Kohlenstoff-Chemie

Alkane, Alkanole und Alkansäuren sind miteinander verwandt. Sie bilden alle Reihen, die gebildet werden, indem eine CH_2-Gruppe hinzugefügt wird. Dabei steigen die Schmelz- und Siedetemperaturen. Diese sind bei den Alkanolen durch Ausbildung von Wasserstoffbrücken höher.

Alkan	Alkanol	Alkansäure
Methan	Methanol	Methansäure
Ethan	Ethanol	Ethansäure
Propan	Propanol	Propansäure

Ester entstehen aus einer Alkansäure und einem Alkanol und sind daher variantenreicher.

WICHTIGE BEGRIFFE

- Ester, Kondensationsreaktion
- Bienenwachs, Nitroglycerin, Polyester
- Alkane, Alkanole, Alkansäuren

Auf einen Blick

Lerncheck: Vom Alkohol zum Essig

Chemikalien reinigen

1 Nenne zwei Haushaltschemikalien, die bereits sehr lange benutzt werden.

2 Nenne das Verfahren, mit dem die Verschmutzungen entfernt werden.

3 Beschreibe das Ablösen von Öl von einer Textilfaser mithilfe des Bildes unten.

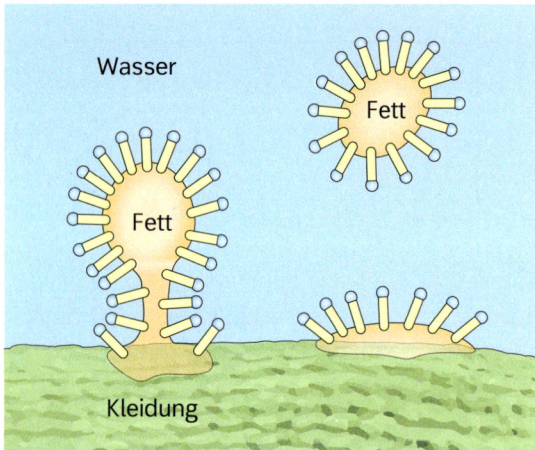

4 Begründe, dass Haushaltsreiniger sparsam verwendet werden sollten.

Trinkalkohol ist Ethanol

5 Beschreibe die Entdeckung der alkoholischen Getränke.

6 Beschreibe die Entstehung alkoholischer Getränke durch Gärung.

7 Nenne milthilfe von drei Beispielen, dass Alkohol gefährlich sein kann.

Das Ethanol-Molekül

8 Zeichne ein Ethanol-Molekül und markiere die Hydroxygruppe und die Teilladungen.

9 Nenne die beim Ethanol vorliegende Bindung zur Hydroxygruppe.

10 Nenne die im Bild gezeigte Wechselwirkung und erkläre den Zusammenhang zum Ethanol-Molekül.

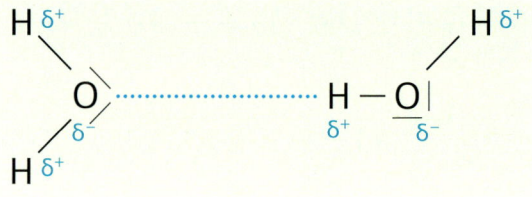

11 Erkläre, dass Ethanol eine höhere Siedetemperatur hat als Ethan.

Verwandte des Ethanols

12 Nenne drei weitere Alkohole und jeweils eine Verwendungsmöglichkeit.

13 Benenne den folgenden Alkohol:

$$H-\overset{\displaystyle H}{\underset{\displaystyle H}{C}}-\overset{\displaystyle H}{\underset{\displaystyle H}{C}}-\overset{\displaystyle H}{\underset{\displaystyle H}{C}}-\overset{\displaystyle H}{\underset{\displaystyle H}{C}}-\overset{\displaystyle H}{\underset{\displaystyle H}{C}}-OH$$

14 Begründe, dass Sorbit ein besonderer Alkohol ist und nenne eine Verwendung.

15 Nenne einen anderen Ausdruck für Alkohole.

DU KANNST JETZT ...

- ... geeignete Haushaltschemikalien für verschiedene Anwendungen nennen.
- ... die Wirkungsweise von Tensiden erklären.
- ... die Entstehung von Alkohol beschreiben.
- ... Gefährdungen durch Alkohol nennen.

DU KANNST JETZT ...

- ... mehrere Alkanole mit deren Eigenschaften und Verwendungsmöglichkeiten nennen.
- ... Alkohole benennen.
- ...die Löslichkeit von Alkoholen in Wasser erklären.

Vom Alkohol zum Essig

16 Erläutere die langsame Umwandlung von Wein zu Essig.

17 Nenne drei Eigenschaften und drei Verwendungsmöglichkeiten von Essig.

18 Notiere die Strukturformel von Essigsäure.

19 Nenne drei weitere Vertreter der Alkansäuren.

20 Nenne die für die Alkansäuren typische Gruppe. Notiere ihre Formel.

Ethanol wird oxidiert

21 Notiere Wortgleichung und Reaktionsgleichung beim Verbrennen von Ethanol.

22 Erläutere die Bedeutung von Kaliumpermanganat bei der Oxidation von Alkoholen.

23 Nenne je einen Vor- und Nachteil beim Einsatz von Ethanol in Verbrennungsmotoren.

Ester

24 Erläutere mithilfe einer Wortgleichung die Entstehung eines Esters.

25 Erkläre, mit welchen Eigenschaften Ester als Wachse und Fette bezeichnet werden.

26 Benenne den Ester, der durch die Reaktion von Propansäure mit Methanol entsteht.

Propansäure   Methanol

27 Beschreibe den Zusammenhang zwischen tierischen und pflanzlichen Fetten sowie gesättigten und ungesättigten Fettsäuren.

28 Erläutere, was mit dem Begriff gemeint ist:
a) Nitroglycerin
b) Polyester

Stoffgruppen in der Kohlenstoffchemie

29 Übertrage die Tabelle in dein Heft und fülle sie fertig aus

Alkan	Alkanol	Alkansäure
…	…	Methansäure
Ethan	…	…
…	Propanol	…

30 Nenne die Eigenschaft, die sich bei den Stoffen in der Tabelle regelmäßig ändert und begründe.

Lercheck

Stichwortverzeichnis

A

Abgase 93
Abgaskatalysator 93
Abwasser 52
Acetate 117
Aggregatzustand 62
Aktivierungsenergie 90, 95
Alkalimetall 40
alkalische Lösung 28, 40, 44, 49, 52
Alkan 62ff., 68f., 77, 82, 124
- Lösemittel 84
- Reihe der Alkane 63
- Wasserlöslichkeit 83
Alkanol 121, 124
Alkansäure 117, 121, 125
Alken 75, 77, 86
Alkin 75, 77
Alkohol 101, 105, 112, 125
Alkoholgehalt 104f.
Alkoholische Getränke 104
Alkoholismus 105
Alkoholkonsum 105
Alkylgruppe 76
Ameisensäure 117
Ammoniak 29, 41, 46
Ammoniak-Lösung 29, 41
Äpfel 86
ARRHENIUS, SVANTE 48

B

Bakterien 104
Banane 86
Base 28, 48
Benzin 101, 105
Bienenwachs 123
Bioethanol 105
Biogas 78, 80
Biokraftstoffe 107
biologische Katalysatoren 91
Birne 86
Bleichmittel 92
Brennstoffzelle 90
BRÖNSTED, JOHANNES 48
Butan 62
Butankartusche 85
Butanol 112
Buttersäure 117
Butylgruppe 76

C

Calciumcarbonat 30
Calciumhydroxid 29
Calciumhydroxid-Lösung 41
Camping-Gaskocher 85
Carbonsäuren 117
Carboxygruppe 125
Carnaubawachs 123
Chlorwasserstoff 28
Citronensäure 39

D

Desinfektionsmittel 104
destillieren 106
Dichte 10
Dichteanomalie 24
Doppelbindung 86f.
Drogenberatungsstelle 105
Dynamit 121

E

E10 107
Einfachbindung 63
Eisberg 8
elektrische Leitfähigkeit 20, 45
Elektronegativität 13f., 24, 83
- Differenz 14
Elektronenpaarbindung 108
Emulgator 72f.
Emulsion 73
Energiediagramm 90
Entkalker 34
Enzyme 91f.
Erdbeere 86
Erdgas 62, 78, 82
Erfrischungsgetränk 31
Essig 116
Essigsäure 28, 39, 117
Essigsäurebakterien 116
Essigsäuregärung 116
Ester 120f., 125
Ethan 63, 108
Ethanol 104, 108f., 112
Ethansäure 117, 125
Ethylgruppe 75

F

Fett 70f., 120, 123
fettfreundlich 101
Fettschicht 100

Feuerzeug-Gas 85

G

Gärung 104
Gasgemisch 90
Gaskraftwerk 82
Gecko 66
Gefahrenhinweise (H-Sätze) 136
Gefahrstoffe 138
gesättigte Fettsäuren 123
gesättigte Kohlenwasserstoffe 86
gesättigte Lösung 20
Glucose 91
Glycerin 114, 121
Glycerylstearat 73
Glycol 114, 118f.
Grubengas 78

H

HABER-BOSCH-Verfahren 47
Hauptkette 74
Hefepilze 104
Heizwert 80
Heptan 82
Hexan 74
HIV 104
Honig 73
Hydratisierung 21, 37
Hydroxid 40
Hydroxid-Ion 40f., 44f., 49
Hydroxygruppe 108, 125

I

ionische Wechselwirkung 67
Isomer 74ff., 94

K

Kalkmilch 31
Kalkwasser 29, 41
Kalottenmodell 64
Katalysator 90ff., 95
katalytische Reaktion 91
Kettenöl 100
Klimaerwärmung 78
Knallgasprobe 90
Kochsalz 22f.
Kohlensäure 28, 30
kohlensaure Lösung 28
Kohlenstoffdioxid 82, 104
Kohlenstoffmonooxid 83

Kohlenwasserstoff 74, 86, 94
Kondensationsreaktion 120
Konservierung 104
Körperpflegeprodukte 100
Kraftstoff 105
Kraftstoffverbrauch 107
Kugel-Stab-Modell 64
Kunststoff 86ff., 122

L

Lactase 91
Ladungsverschiebung 66
Landwirtschaft 107
Lauge 41, 44
Laugen 40
Laugengebäck 31
Lecithin 73
Leitungswasser 32
Liebig, Justus von 48
Liquified Natural Gas (LNG) 79
Lithium 23
Lösemittel 20, 70f., 104
Löslichkeit 20, 70, 109
- Grundsatz der Löslichkeit 70
Luftballon 12

M

Magensäure 31
Magnesium 23
Meersalinen 23
Meerwasser 23
mehrwertige Alkohole 114
Metallhydroxid 44f.
Methan 63, 78, 80, 82, 112
Methanhydrat 78, 81
Methan-Molekül 81
Methanogene 78
Methanol 112f., 125
Methylgruppe 75f.
Mikrofaser 122
Mikroplastik 89
Milch 72
Milchzucker 91
Mindmap 43
Molekülbaukasten 77
Monomer 87

N

Natriumchlorid 23
Natriumhydroxid 29, 41
Natronlauge 29, 48
neutrale Lösung 52
Neutralisation 52, 54ff.

Neutralisationsreaktion 53
n-Hexan 74
Nitroglycerin 121
Nobel, Alfred 121

O

Oberflächenspannung 9, 17
Ölverschmutzung 100
Oxidationsmittel 116
Oxonium-Ion 36f., 49

P

Pentanol 113
PET 122
pflanzliche Fette 123
Phosphorsäure 31
pH-Wert 29, 39, 52
Plastikmüll 89
Platin 90f.
Platindraht 92
polare Bindung 13
polare Elektronenpaarbindung 13, 24
Polyester 122
Polyethen 87
Polymer 87
Polymerisation 87f., 95
Polypropen 87
Propan 62f.
Propankartusche 85
Propanol 112f.
Propylgruppe 75f.
Protonenübertragung 36

R

Reihe der Alkane 94
Reinigungsbenzin 100
Reinigungsmittel 100
Rohrreiniger 41f.

S

Salar de Uyuni 23
Salpetersäure 33, 121
Salz 20f.
Salzgarten 23
Salzsäure 28, 31, 33, 48
SARS-CoV-2 104
Sauerstoff 91
Säure 28, 48
saure Lösung 28, 32, 36, 49, 52
Schimmelpilz 31
Schmierstoff 62
Schwefelsäure 33

Seitenkette 75
Senf 73
Shampoo 100
Sibirien 78
Siedetemperatur 9, 16
Sorbit 114
Sprudelwasser 30
Stoffpyramide 65
Stromerzeugung 78
Strukturformel 64
vereinfachte 64
Submers-Verfahren 118
Sucht 105
Suchtmittel 105
Sumpfgas 78
Suppe 70

T

Teilladung 12f.
Tenside 101
tierische Fette 123
Tomate 86
Traubensaft 104
Trinkalkohol 104

U

übersättigte Lösung 20
ungesättigte Fettsäuren 123
ungesättigte Kohlenwasserstoffe 86
Universalindikator 29, 40
unpolare Bindung 13
unpolare Elektronenpaarbindung 13
unvollständige Verbrennung 83

V

Van-der-Waals-Wechselwirkungen 66f., 95, 109, 113
Verbrennungsmotor 62
vollständigen Verbrennung 83

W

Wachs 120
Waschmittel 101
Wasser 8, 11, 70f., 82
- Dichte 10
- Dichteanomalie 8, 10, 17, 24
- Oberflächenspannung 9, 17
- Siedetemperatur 9
wasserfreundlich 101
Wasserläufer 9
Wasseroberfläche 8

Wasserstoff 91
Wasserstoffbrücken 16, 24, 109
Wasserstrahl 12
Wasserteilchen 9
Wechselwirkungen 95
Wein 116

Z

Zellwand 104

Einheiten und Umrechnungen

Größen und ihre Einheiten

Größe	Zeichen	Name	Zeichen	Beziehungen
Masse	m	Gramm Kilogramm	g kg	1 g = 1000 mg 1 kg = 1000 g
Volumen	V	Milliliter Liter Kubikmeter	ml l m^3	1 l = 1000 ml 1 m^3 = 1000 dm^3
Dichte	ρ	Kilogramm Kubikmeter	$\frac{kg}{m^3}$	$1\,\frac{g}{cm^3} = 1000\,\frac{kg}{m^3}$
Druck	p	Bar	bar	
Temperatur	ϑ	Grad Celsius Kelvin	°C K	0 °C = 273,15 K
Energie	E	Joule	J	

Dezimale Teile und Vielfache

Faktor	Vorsilbe	Symbol
10^{-12}	Piko	p
10^{-9}	Nano	n
10^{-6}	Mikro	µ
10^{-3}	Milli	m
10^{-2}	Zenti	c
10^{-1}	Dezi	d
10	Deka	da
10^2	Hekto	h
10^3	Kilo	k
10^6	Mega	M
10^9	Giga	G
10^{12}	Tera	T
10^{15}	Peta	P
10^{18}	Exa	E

Griechische Zahlwörter

Anzahl	Silbe	Zahl	Silbe
$\frac{1}{2}$	hemi		
1	mono	11	undeca
2	di	12	dodeca
3	tri	13	trideca
4	tetra	14	tetradeca
5	penta	15	pentadeca
6	hexa	16	hexadeca
7	hepta	17	heptadeca
8	octa	18	octadeca
9	nona	19	enneadeca
10	deca	20	eicosa

Umrechnen von Einheiten

Längeneinheiten			
Kilometer km	Meter m	Zentimeter cm	Millimeter mm
1 km	1000 m		
	1 m	100 cm	
		1 cm	10 mm

Masseneinheiten			
Tonne t	Kilogramm kg	Gramm g	Milligramm mg
1 t	1000 kg		
	1 kg	1000 g	
		1 g	1000 mg

Volumeneinheiten			
Kubikmeter m^3	Kubikdezi- meter dm^3	Kubikzenti- meter cm^3	Kubikmilli- meter mm^3
1 m^3	1000 dm^3		
	1 dm^3 (l)	1000 cm^3 (ml)	
		1 cm^3	1000 mm^3

Gefahrenhinweise (H-Sätze)

Physikalische Gefahren

H220 Extrem entzündbares Gas.

H225 Flüssigkeit und Dampf leicht entzündbar.

H228 Entzündbarer Feststoff.

H250 Entzündet sich in Berührung mit Luft von selbst.

H260 In Berührung mit Wasser entstehen entzündbare Gase, die sich spontan entzünden können.

H261 In Berührung mit Wasser entstehen entzündbare Gase.

H270 Kann Brand verursachen oder verstärken; Oxidationsmittel.

H272 Kann Brand verstärken; Oxidationsmittel

H280 Enthält Gas unter Druck; kann bei Erwärmung explodieren.

H290 Kann gegenüber Metallen korrosiv sein.

Gesundheitsgefahren

H302 Gesundheitsschädlich bei Verschlucken.

H304 Kann bei Verschlucken und Eindringen in die Atemwege tödlich sein.

H314 Verursacht schwere Verätzungen der Haut und schwere Augenschäden

H315 Verursacht Hautreizungen.

H318 Verursacht schwere Augenschäden.

H319 Verursacht schwere Augenreizungen.

H330 Lebensgefahr beim Einatmen.

H331 Giftig beim Einatmen.

H335 Kann die Atemwege reizen.

H336 Kann Schläfrigkeit und Benommenheit verursachen.

H373 Kann die Organe schädigen bei längerer oder wiederholter Exposition.

Umweltgefahren

H400 Sehr giftig für Wasserorganismen.

H410 Sehr giftig für Wasserorganismen mit langfristiger Wirkung.

H411 Giftig für Wasserorganismen, mit langfristiger Wirkung.

Piktogramm	Beschreibung	Signalwort	Gefahrenklasse
	Explodierende Bombe	Gefahr	Instabile explosive Stoffe, Gemische und Erzeugnisse mit Explosivstoff(en), selbstzersetzliche Stoffe und Gemische, Organische Peroxide
	Flamme	Gefahr/Achtung	Entzündbar, selbsterhitzungsfähig, selbstzersetzlich, pyrophor, wasserreaktiv, Organische Peroxide
	Flamme über einem Kreis	Gefahr	Entzündend (oxidierend) wirkend
	Gasflasche	Achtung	Gase unter Druck, verdichtete, verflüssigte, tiefgekühlt verfl., gelöste Gase
	Ätzwirkung	Gefahr/Achtung	Auf Metalle korrosiv wirkend, hautätzend, schwere Augenschädigung
	Totenkopf mit gekreuztem Knochen	Gefahr	Akute Toxizität
	dickes Ausrufezeichensymbol		
	Gesundheitsgefahr	Gefahr/Achtung	diverse Gesundheitsgefahren
	Umwelt	Gefahr/Achtung	Gewässergefährdend

Sicherheitshinweise (P-Sätze)

Prävention

P201   Vor Gebrauch besondere Anweisungen einholen.

P210   Von Hitze / Funken / offener Flamme / heißen Oberflächen fernhalten. Nicht rauchen.

P222   Kontakt mit Luft nicht zulassen.

P223   Kontakt mit Wasser wegen heftiger Reaktion und möglichem Aufflammen unbedingt verhindern.

P232   Vor Feuchtigkeit schützen.

P240   Behälter und zu befüllende Anlage erden.

P241   Explosionsgeschützte elektrische Betriebsmittel/ Lüftungsanlagen/Beleuchtung/... verwenden.

P260   Staub / Rauch / Gas / Nebel / Dampf / Aerosol nicht einatmen.

P261   Einatmen von Staub / Rauch / Gas / Nebel / Dampf / Aerosol vermeiden.

P273   Freisetzung in die Umwelt vermeiden.

P280   Schutzhandschuhe / Schutzkleidung / Augen- schutz / Gesichtsschutz tragen.

P281   Vorgeschriebene persönliche Schutzausrüstung verwenden.

P231 + P232   Unter inertem Gas handhaben. Vor Feuchtigkeit schützen.

Reaktion

P310   Sofort Giftinformationszentrum oder Arzt anrufen.

P312   Bei Unwohlsein Giftinformationszentrum oder Arzt anrufen.

P313   Ärztlichen Rat einholen/ärztliche Hilfe hinzuzie- hen.

P314   Bei Unwohlsein ärztlichen Rat einholen/ärztliche Hilfe hinzuziehen.

P331   Kein Erbrechen herbeiführen.

P377   Brand von ausströmendem Gas: Nicht löschen, bis Undichtigkeit gefahrlos beseitigt werden kann.

P381   Alle Zündquellen entfernen, wenn gefahrlos möglich.

P390   Verschüttete Mengen aufnehmen, um Material- schäden zu vermeiden.

P391   Verschüttete Mengen aufnehmen.

P301 + P310 Bei Verschlucken: Sofort Giftinforma- tionszentrum oder Arzt anrufen.

P301 + P330 + P331 Bei Verschlucken: Mund aus- spülen. Kein Erbrechen herbeiführen.

P302 + P352 Bei Kontakt mit der Haut: Mit viel Wasser und Seife waschen.

P303 + P361 + P353 Bei Kontakt mit der Haut (oder dem Haar): Alle beschmutzten, getränkten Kleidungsstücke sofort ausziehen. Haut mit Wasser abwaschen/duschen.

P304 + P340 Bei Einatmen: An die frische Luft bringen und in einer Position ruhigstellen, die das Atmen erleichtert.

P305 + P351 + P338 Bei Kontakt mit den Augen: Einige Minuten lang behutsam mit Wasser spülen. Vorhandene Kontaktlinsen nach Möglichkeit entfernen. Weiter spülen.

P308 + P313 Bei Exposition oder falls betroffen: Ärztlichen Rat einholen/ärztliche Hilfe hinzuziehen.

P309 + P311 Bei Exposition oder Unwohlsein: Giftinformationszentrum oder Arzt anrufen.

P370 + P378 Bei Brand: ... zum Löschen verwenden.

Aufbewahrung

P406   In korrosionsbeständigem/... Behälter mit kor- rosionsbeständiger Auskleidung aufbewahren.

P422   Inhalt in/unter ... aufbewahren

P402 + P404 In einem geschlossenen Behälter an einem trockenen Ort aufbewahren.

P403 + P233 Behälter dicht verschlossen an einem gut belüfteten Ort aufbewahren.

P410 + P403 Vor Sonnenbestrahlung geschützt an einem gut belüfteten Ort aufbewahren.

Entsorgung

P501   Inhalt/Behälter ... zuführen.

Gefahrstoffe

Gefahrstoffe sind Stoffe, die zu physikalischen Gefahren, Gesundheitsgefahren oder Umweltgefahren führen können. Einfache Piktogramme geben Hinweise auf Gefahren, die von Gefahrstoffen und dem Umgang mit ihnen ausgehen. Die Kennzeichnung erfolgt weltweit einheitlich nach GHS (Globally Harmonised System). Je nach **Gefahrenpotenzial** müssen Gefahrstoffe mit den entsprechenden GHS-Piktogrammen gekennzeichnet werden.

Zusätzlich gibt es Signalwörter, die den Grad der Gefährdung anzeigen:
- **Gefahr** für schwerwiegende Gefahrenkategorien
- **Achtung** für weniger schwerwiegende Gefahren-kategorien

In der unten stehenden Tabelle werden die im vorliegenden Buch genutzten Gefahrstoffe aufgelistet und durch Hinweise zum Umgang mit ihnen ergänzt.

Stoff	GHS-Piktogramm, Signalwort	Gefahrenhinweise	Hinweise zur Entsorgung
Aluminiumpulver	Achtung	H228, H261	In Sammelbehälter für regenerierbare Metallsalz-Rückstände geben.
Ammoniaklösung (w ≤ 10 %, wässrige Lösung)	Gefahr	H314, H335, H400	Neutralisieren und in Sammelbehälter für saure und alkalische Lösungen geben.
Ammoniumchlorid	Achtung	H302, H319	In Sammelbehälter für anorganische Stoffe geben.
Benedict-Reagenz	Achtung	H315, H319, H411	In Sammelbehälter für regenerierbare Metallsalz-Rückstände geben.
Benzin (Waschbenzin, Leichtbenzin)	Gefahr	H225, H304, H315, H336, H411	In Sammelbehälter für halogenfreie organische Stoffe geben.
Brennspiritus (Ethanol, vergällt)	Gefahr	H225, H319	In den Sammelbehälter für halogenfreie, organische Stoffe geben.
Eisenpulver	Achtung	H228	Kann abgekühlt in den Hausmüll gegeben werden.
Essigsäure	Gefahr	H226, H314	Neutralisieren und in Sammelbehälter für saure und alkalische Lösungen geben.
Iod-Kaliumiodid-Lösung	Achtung	H373	In stark verdünnter Form in den Ausguss geben.
Kaliumchlorid	-	-	Kann über den Ausguss entsorgt werden.
Kalkwasser (Calciumhydroxid-lösung)	Gefahr	H315, H318, H335	Kann über den Ausguss entsorgt werden.
Kupferiodid	Achtung	H302, H315, H319, H335, H410	In Sammelbehälter für giftige anorganische Rückstände geben.
Kupferpulver	Gefahr	H228, H410	In Sammelbehälter für regenerierbare Metallsalz-Rückstände geben.
Kupfersulfat, Kupfersulfat-Hydrat	Gefahr	H302, H315, H319, H410	In Sammelbehälter für giftige anorganische Rückstände geben.

Stoff	GHS-Piktogramm, Signalwort	Gefahrenhinweise	Hinweise zur Entsorgung
Lithium	Gefahr	H260, H314, EUH014	Vorsichtig in kleinen Mengen mit Wasser reagieren lassen.
Lithiumchlorid	Achtung	H302, H319, H315	In Sammelbehälter für anorganische Stoffe geben.
Magnesium, Band	Gefahr	H228, H252, H261	Mit Brennerflamme abbrennen. Abgekühlte Reste können in den Hausmüll gegeben werden.
Natriumchlorid	-	-	Kann gelöst in Wasser über den Ausguss entsorgt werden.
Natriumthiosulfat	-	-	Kann verdünnt mit Wasser über den Ausguss entsorgt werden.
Natronlauge (verdünnt)	Gefahr	H290, H314	Verdünnen mit Wasser und mit Salzsäure neutralisieren. Danach in den Ausguss geben.
Salzsäure (w = 10 %)	Achtung	H290, H315, H319, H335	Verdünnen mit Wasser und mit Natronlauge neutralisieren. Danach in den Ausguss geben.
Sauerstoff	Gefahr	H270, H280	
Schwefel	Achtung	H315	In Sammelbehälter für anorganische Stoffe geben.
Universalindikator-lösung	Gefahr	H225	In stark verdünnter Form in den Ausguss geben.
Seifenlösung (Waschpulver Herstellerangaben beachten)	Achtung		Kann über den Ausguss entsorgt werden.
Wasserstoff	Gefahr	H220, (H280)	
Zinkoxid	Achtung	H410	In Sammelbehälter für regenerierbare Metallsalz-Rückstände geben.
Zinkpulver	Achtung	H410	In Sammelbehälter für regenerierbare Metallsalz-Rückstände geben.

»

Stoffpyramide

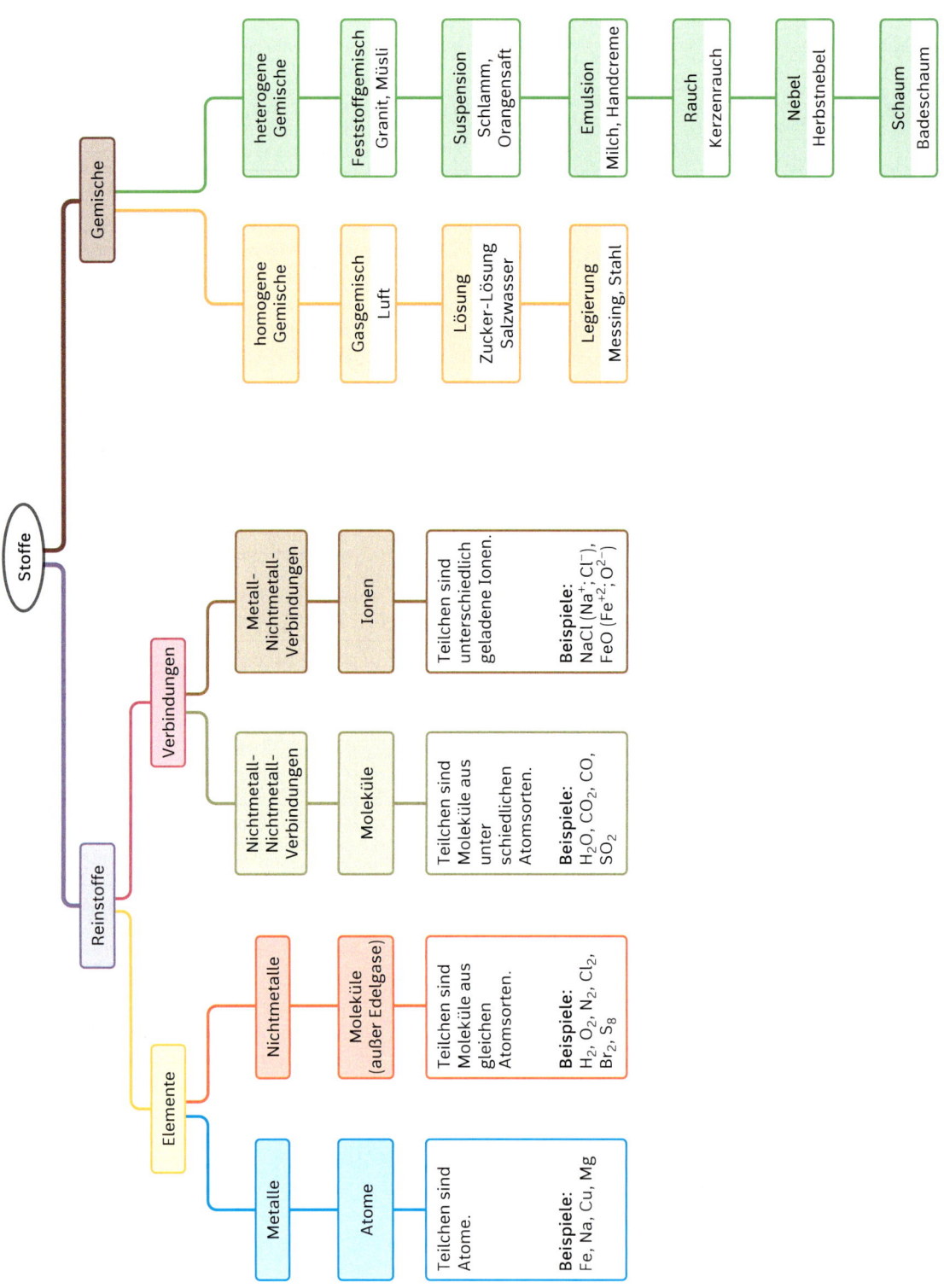

Stoffe

Gemische

heterogene Gemische
- Feststoffgemisch — Granit, Müsli
- Suspension — Schlamm, Orangensaft
- Emulsion — Milch, Handcreme
- Rauch — Kerzenrauch
- Nebel — Herbstnebel
- Schaum — Badeschaum

homogene Gemische
- Gasgemisch — Luft
- Lösung — Zucker-Lösung, Salzwasser
- Legierung — Messing, Stahl

Reinstoffe

Verbindungen

Metall-Nichtmetall-Verbindungen
- Ionen
- Teilchen sind unterschiedlich geladene Ionen.
- **Beispiele:** $NaCl\ (Na^+;\ Cl^-)$, $FeO\ (Fe^{+2};\ O^{2-})$

Nichtmetall-Nichtmetall-Verbindungen
- Moleküle
- Teilchen sind Moleküle aus unterschiedlichen Atomsorten.
- **Beispiele:** H_2O, CO_2, CO, SO_2

Elemente

Nichtmetalle
- Moleküle (außer Edelgase)
- Teilchen sind Moleküle aus gleichen Atomsorten.
- **Beispiele:** H_2, O_2, N_2, Cl_2, Br_2, S_8

Metalle
- Atome
- Teilchen sind Atome.
- **Beispiele:** Fe, Na, Cu, Mg

Die wichtigsten Laborgeräte

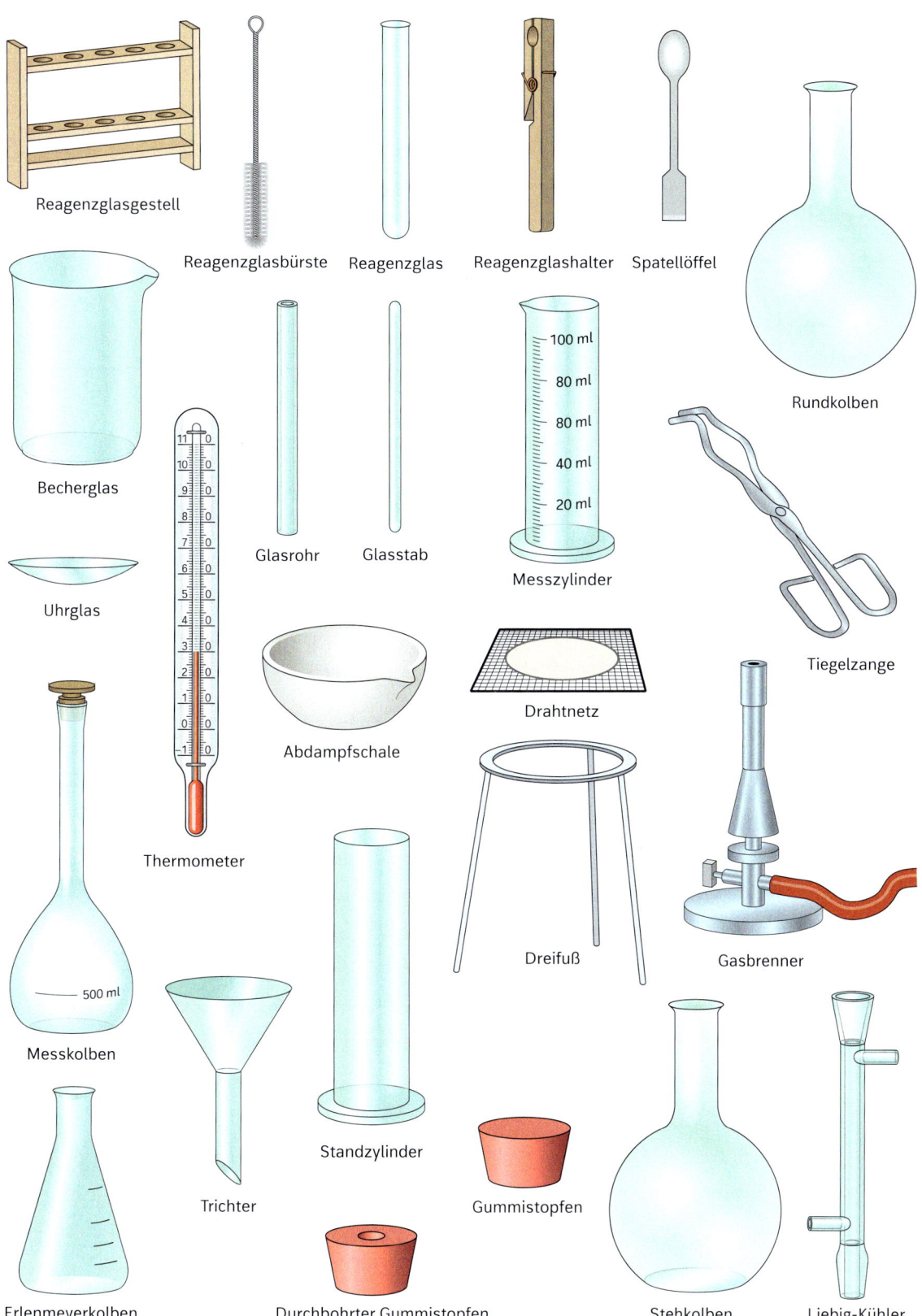

Reagenzglasgestell

Reagenzglasbürste   Reagenzglas   Reagenzglashalter   Spatellöffel

Rundkolben

Becherglas

Glasrohr   Glasstab

Messzylinder

Uhrglas

Tiegelzange

Abdampfschale

Drahtnetz

Thermometer

Dreifuß   Gasbrenner

Messkolben

Standzylinder

Trichter   Gummistopfen

Erlenmeyerkolben   Durchbohrter Gummistopfen   Stehkolben   Liebig-Kühler

Das Periodensystem der Elemente

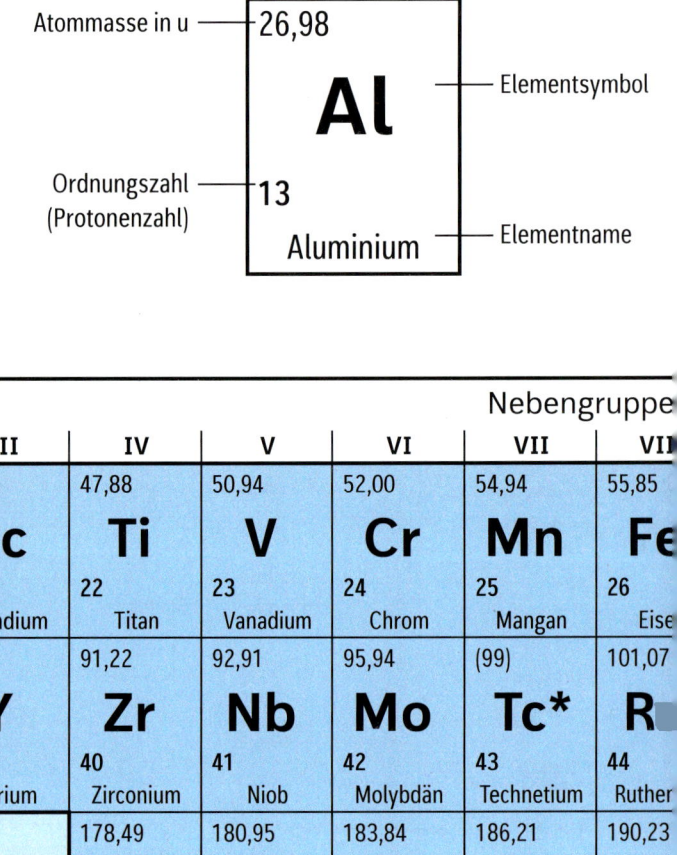

Atommasse in u — 26,98
Elementsymbol — **Al**
Ordnungszahl (Protonenzahl) — 13
Elementname — Aluminium

Perioden	Hauptgruppen			Nebengruppe					
	I	**II**	**III**	**IV**	**V**	**VI**	**VII**	**VII**	
1 K-Schale	1,01 **H** 1 Wasserstoff								
2 L-Schale	6,94 **Li** 3 Lithium	9,01 **Be** 4 Beryllium							
3 M-Schale	22,99 **Na** 11 Natrium	24,31 **Mg** 12 Magnesium							
4 N-Schale	39,10 **K** 19 Kalium	40,08 **Ca** 20 Calcium	44,96 **Sc** 21 Scandium	47,88 **Ti** 22 Titan	50,94 **V** 23 Vanadium	52,00 **Cr** 24 Chrom	54,94 **Mn** 25 Mangan	55,85 **Fe** 26 Eise	
5 O-Schale	85,47 **Rb** 37 Rubidium	87,62 **Sr** 38 Strontium	88,91 **Y** 39 Yttrium	91,22 **Zr** 40 Zirconium	92,91 **Nb** 41 Niob	95,94 **Mo** 42 Molybdän	(99) **Tc*** 43 Technetium	101,07 **R** 44 Ruther	
6 P-Schale	132,91 **Cs** 55 Caesium	137,33 **Ba** 56 Barium	Lanthanoide 57-71	178,49 **Hf** 72 Hafnium	180,95 **Ta** 73 Tantal	183,84 **W** 74 Wolfram	186,21 **Re** 75 Rhenium	190,23 **O.** 76 Osmi	
7 Q-Schale	(223) **Fr*** 87 Francium	(226) **Ra*** 88 Radium	Actinoide 89-103	(261) **Rf*** 104 Rutherfordium	(268) **Db*** 105 Dubnium	(271) **Sg*** 106 Seaborgium	(264) **Bh*** 107 Bohrium	(271) **Hs** 108 Hassi	

Lanthanoide	138,91 **La** 57 Lanthan	140,12 **Ce** 58 Cer	140,91 **Pr** 59 Praseodym	144,24 **Nd** 60 Neodym	(147) **Pr** 61 Promet
Actinoide	(227) **Ac*** 89 Actinium	(232) **Th*** 90 Thorium	(231) **Pa*** 91 Protactinium	(238) **U*** 92 Uran	(237) **Np** 93 Neptun

Hauptgruppen					
III	IV	V	VI	VII	VIII

Legende:

schwarz = feste Elemente
rot = gasförmige Elemente
blau = flüssige Elemente
weiß = künstliche Elemente
* = radioaktive Elemente

Metalle
Nebengruppen-Metalle

Halbmetalle   Nichtmetalle

III	IV	V	VI	VII	VIII
					4,00 **He** 2 Helium
10,81 **B** 5 Bor	12,01 **C** 6 Kohlenstoff	14,01 **N** 7 Stickstoff	16,00 **O** 8 Sauerstoff	19,00 **F** 9 Fluor	20,18 **Ne** 10 Neon
26,98 **Al** 13 Aluminium	28,09 **Si** 14 Silicium	30,97 **P** 15 Phosphor	32,06 **S** 16 Schwefel	35,45 **Cl** 17 Chlor	39,95 **Ar** 18 Argon

VIII	VIII	I	II	III	IV	V	VI	VII	VIII
...o ...obalt	58,69 **Ni** 28 Nickel	63,55 **Cu** 29 Kupfer	65,38 **Zn** 30 Zink	69,72 **Ga** 31 Gallium	72,63 **Ge** 32 Germanium	74,92 **As** 33 Arsen	78,97 **Se** 34 Selen	79,90 **Br** 35 Brom	83,80 **Kr** 36 Krypton
...h ...odium	106,42 **Pd** 46 Palladium	107,87 **Ag** 47 Silber	112,41 **Cd** 48 Cadmium	114,82 **In** 49 Indium	118,71 **Sn** 50 Zinn	121,75 **Sb** 51 Antimon	127,60 **Te** 52 Tellur	126,90 **I** 53 Iod	131,29 **Xe** 54 Xenon
...r ...dium	195,08 **Pt** 78 Platin	196,97 **Au** 79 Gold	200,59 **Hg** 80 Quecksilber	204,38 **Tl** 81 Thallium	207,20 **Pb** 82 Blei	208,98 **Bi** 83 Bismut	(209) **Po*** 84 Polonium	(210) **At*** 85 Astat	(222) **Rn*** 86 Radon
...t* ...nerium	(282) **Ds*** 110 Darmstadtium	(282) **Rg*** 111 Roentgenium	(285) **Cn*** 112 Copernicium	(287) **Nh*** 113 Nihonium	(285) **Fl*** 114 Flerovium	(289) **Mc*** 115 Moscovium	(293) **Lv*** 116 Livermorium	(294) **Ts*** 117 Tennessin	(294) **Og*** 118 Oganesson

...m ...arium	151,96 **Eu** 63 Europium	157,25 **Gd** 64 Gadolinium	158,93 **Tb** 65 Terbium	162,50 **Dy** 66 Dysprosium	164,93 **Ho** 67 Holmium	167,26 **Er** 68 Erbium	168,93 **Tm** 69 Thulium	173,04 **Yb** 70 Ytterbium	174.97 **Lu** 71 Lutetium
...u* ...onium	(243) **Am*** 95 Americium	(247) **Cm*** 96 Curium	(247) **Bk*** 97 Berkelium	(251) **Cf*** 98 Californium	(252) **Es*** 99 Einsteinium	(257) **Fm*** 100 Fermium	(258) **Md*** 101 Mendelevium	(259) **No*** 102 Nobelium	(266) **Lr*** 103 Lawrencium

Bildquellenverzeichnis

|Alamy Stock Photo (RMB), Abingdon/Oxfordshire: Bobbo's Pix 9.1; Boyko, Oleksiy 86.1; CF Photos 100.3; Fearn, Paul 48.4; Gayvoronskaya, Yana 73.2; Levine, Richard 86.2; LianeM 31.2; Malsam, Leo 9.2; Oliveira, Paulo 89.3; Stephen Barnes/Construction 10.2; Zoonar GmbH/Richter, Harald 41.1. |BC GmbH Verlags- und Medien-, Forschungs- und Beratungsgesellschaft, Ingelheim: 11.2, 30.1, 35.1, 39.1, 39.5, 42.1, 46.2, 54.2, 68.1, 102.1, 103.1, 106.1, 106.5, 110.1. |EnviroChemie GmbH, Rossdorf: 52.1. |fotolia.com, New York: BillionPhotos.com 27.2; ferkelraggae 99.3, 105.1; Jargstorff, Wolfgang 47.1. |Gall, Eike, Enkirch: 34.4. |Herzig, Wolfgang, Essen: 118.1. |iStockphoto.com, Calgary: artisteer 62.1; coldsnowstorm 82.1; ePhotocorp 66.2; JanMiko 3.1, 6.1; knape 116.1; Matrenin, Aleksey 85.1; piyato 7.2; RCerruti 104.1; rudolfgeiger 27.1; Soldt 114.3; t_kimura 17.3; ValentynVolkov 17.4; Valeriy_G 33.1; Ventura, Pollyana 82.2; Wavebreakmedia 100.1; west 73.1; Winter, Sara 23.2; zoranm Titel. |mauritius images GmbH, Mittenwald: McPHOTO/Paterson, David 83.1. |Mettin, Markus, Offenbach: 41.2, 55.1, 110.6, 112.1. |Minkus Images Fotodesignagentur, Isernhagen: 11.1, 12.1, 18.2, 20.1, 22.1, 22.2, 22.3, 25.1, 30.4, 35.4, 36.1, 36.2, 39.3, 39.4, 39.8, 40.2, 42.3, 42.4, 48.1, 48.2, 58.1, 64.4, 64.5, 64.6, 64.7, 65.1, 65.2, 72.1, 73.3, 74.1, 77.1, 77.2, 77.3, 96.3, 96.5, 103.6, 126.2. |Picture-Alliance GmbH, Frankfurt a.M.: dpa/MARUM 78.2; U.S. Geological Survey 81.1. |Schlierf, Birgit und Olaf, Lachendorf: 30.2, 30.3, 35.2, 35.3, 39.2, 39.6, 39.7, 42.2, 46.3, 46.4, 54.3, 54.4, 54.5, 68.2, 68.3, 68.4, 68.5, 102.2, 102.3, 102.4, 102.5, 103.2, 103.3, 103.4, 103.5, 106.2, 106.3, 110.2, 110.3, 110.4, 110.5, 136.1, 136.2, 136.3, 136.4, 136.5, 136.6, 136.7, 136.8, 136.9, 138.1, 138.2, 138.3, 138.4, 138.5, 138.6, 138.7, 138.8, 138.9, 138.10, 138.11, 138.12, 138.13, 138.14, 138.15, 138.16, 138.17, 138.18, 138.19, 138.20, 138.21, 138.22, 138.23, 138.24, 138.25, 139.1, 139.2, 139.3, 139.4, 139.5, 139.6, 139.7, 139.8, 139.9, 139.10, 139.11, 139.12, 139.13, 139.14, 139.15, 139.16, 139.17. |Schobel, Ingrid, Hannover: 8.2, 11.3, 21.1, 24.4, 25.2, 30.5, 30.6, 31.3, 43.1, 44.1, 45.1, 51.1, 70.2, 71.1, 71.2, 72.2, 80.1, 88.1, 88.2, 88.3, 90.2, 91.1, 92.2, 93.1, 93.2, 94.1, 95.1, 95.5, 97.3. |Science Photo Library, München: 32.1, 32.2, 34.5, 117.1, 117.2; 11732041 46.5; Giphotostock 34.1, 34.2, 34.3, 131.2; Power And Syred 66.3, 66.4; SPL 48.3; Turtle Rock Scientific 33.2, 40.1, 59.2. |Shutterstock.com, New York: J.J. Gouin 84.2; Pridannikov, Dmitrii 102.6; ronstik 102.7; Strelyuk 79.1. |Simper, Manfred, Wennigsen: 41.3, 85.2. |stock.adobe.com, Dublin: aerial-drone 78.1; AnneLaure 66.1; billyhoiler 122.1; Borisenko, Alexander 62.3; Cobalt 97.2; Dar1930 123.1; Ettmer, Sina 4.1, 98.1; FomaA 70.1; foto-select 23.1; guruXOX 104.2; johzio 122.2; JpegPhotographer 114.5; kab-vision 28.1, 31.4; khunta 99.1; Kunstzeug 99.2; magann 61.2; maho 107.1; Marc 61.1; Mareen, Mike 90.1; Milan 114.1; Moussa, Victor 7.1; photollurg 3.3, 60.1; Racle Fotodesign 46.1; Ramalho, Cheryl 8.1; ReaLiia 32.3, 32.4; Rekowski, Kathleen 123.3; rufar 89.1; Schlierner 56.2; Shadrin, Artem 3.2, 26.1; spql 61.3; stockpics 62.4; Täger, Daniel 7.3; travelbook 120.1; vadim_fl 19.1; Victoria ¿ 89.2; weerapong 33.3; Wegmann, Markus 123.5; whitcomberd 107.2; z1b 62.2. |Tegen, Hans, Hambüh-ren: 31.1, 45.2, 92.1, 100.2. |Wildermuth, Werner, Würzburg: 10.1, 12.2, 12.3, 12.4, 13.1, 15.1, 16.1, 16.2, 16.3, 17.1, 17.2, 18.1, 19.2, 19.3, 19.4, 20.2, 24.1, 24.2, 27.3, 29.1, 37.1, 37.2, 38.1, 47.2, 49.1, 49.2, 53.1, 53.2, 54.1, 54.6, 55.2, 56.1, 56.3, 57.1, 57.2, 57.3, 57.4, 59.1, 63.1, 63.2, 63.3, 64.1, 64.2, 64.3, 65.3, 66.5, 67.1, 68.6, 68.7, 69.1, 69.2, 74.2, 74.3, 75.1, 75.2, 76.1, 76.2, 76.3, 76.4, 76.5, 76.6, 76.7, 76.8, 76.9, 76.10, 76.11, 77.4, 77.5, 77.6, 77.7, 79.2, 81.2, 83.2, 83.3, 84.1, 86.3, 87.1, 88.4, 94.2, 95.2, 95.3, 95.4, 96.1, 96.2, 96.4, 96.6, 97.1, 101.1, 101.2, 103.7, 103.8, 106.4, 106.6, 108.1, 108.2, 109.1, 110.7, 110.8, 111.1, 111.2, 111.3, 111.4, 111.5, 112.2, 112.3, 113.1, 114.2, 114.4, 114.6, 115.1, 115.2, 115.3, 115.4, 115.5, 115.6, 115.7, 115.8, 115.9, 115.10, 116.2, 116.3, 118.2, 118.3, 119.1, 119.2, 120.2, 121.1, 122.3, 123.2, 123.4, 124.1, 124.2, 125.1, 125.2, 125.3, 126.1, 127.1, 127.2, 128.1, 128.2, 129.1, 129.2, 130.1, 130.2, 130.3, 131.1, 140.1, 141.1.

Aufgaben verstehen und richtig bearbeiten

Dieses Buch enthält Bilder, Texte und Aufgaben. Mithilfe der Aufgaben kannst du zeigen, was du gelernt hast. Dazu musst du verstehen, was die Verben in den Aufgaben bedeuten.

Nennen bedeutet, dass du Namen, Daten oder Gegebenheiten ohne weitere Erklärungen aufzählst. Oft reicht eine Stichwortliste aus.

1 Nenne drei Gase, die zum Treibhauseffekt beitragen.

1. Treibhausgase
Drei Treibhausgase sind Kohlenstoffdioxid, Methan und Distickstoffoxid.

Beschreiben bedeutet, dass du etwas in ganzen Sätzen mit eigenen Worten wiedergibst. Der Sachverhalt wird aber nicht erklärt oder bewertet.

2 Beschreibe die Verwendung von Zink.

2. Verzinken
Gegenstände aus Eisen werden verzinkt, um sie vor Korrosion zu schützen.

Beim **Vergleichen** nennst du Gemeinsamkeiten, Ähnlichkeiten und Unterschiede. Was genau du vergleichen sollst, ist oft vorgegeben. Manchmal musst du aber auch selbst sinnvolle Vergleichspunkte finden.

3 Vergleiche die chemische Reaktion beim Verbrennen eines Zuckerwürfels mit und ohne Katalysator.

3. Mit und ohne Katalysator
Wird der Zuckerwürfel ohne Katalysator entzündet, karamellisiert er. Wird er mit Asche bestreut und angezündet, beginnt er zu brennen. Der Katalysator verringert die Aktivierungsenergie, so dass der Zuckerwürfel zu brennen beginnt.

1 Zuckerwürfel: **A** rein, **B** mit Asche bestreut